In den Jagdrevieren

Für Ottilie, Betty, Paul und Franz H. und die Jägerschaft im Leopoldskroner Moos.

RÜDIGER MARTIN GUNTHER MARTIN

In den Jagdrevieren auf den Spuren der Habsburger

EDITION S

Inhalt

Vor dem Pirschgang ...

„Am Hof der Habsburger, der seit frühesten Zeiten ausgedehnte Reviere mit einem Wildreichtum von seltener Mannigfaltigkeit zur Verfügung hatte ...“, schreibt Oskar Freiherr von Mitis in seiner Kronprinz Rudolf-Biographie, „... bildete die Pflege der Jagd einen wesentlichen Teil ... und schon in der Kinderstube der Erzherzöge hing neben Reitstock und Uniformstücken die Jagdjoppe.“ Auf wenige, gehaltvolle Sätze destillierte Mitis ein schier unerschöpfliches Thema, dessen Spannweite sich naturgemäß über mehrere Jahrhunderte erstreckte. Und wie allgemein bei der Jagd, umfaßt gerade habsburgisches Waidwerk mehr als endlose Zahlenkolonnen erlegten Wildes, die nur allzugern aus dem Blickpunkt heutiger Zeit als Bewertungsgrundlage dienen. Darum versteht sich das vorliegende Buch auch nicht als einschlägige Jagdpublikation. Es ist vielmehr „schwarz-gelbe“ Geschichte, die, mit einer „forstgrünen“ Verbrämung versehen, sowohl den Liebhaber nostalgischer „k. u. k.-Bücher“ als auch den kulturhistorisch interessierten Waidmann wahrhaftig erlesene Historie erleben läßt. Da gilt es habsburgische Jagdherrensitze zu entdecken, interessanten Jagdgästen zu begegnen und bisher wenig Bekanntem, aber dennoch Reizvollem nachzuspüren. Kurz gesagt: Das bedeutungsvolle Ereignis, die Querverbindungen zu Kunst, Kultur und Geschichte und nicht die „Verpflichtung“ zur vollzähligen Bestandsaufnahme topographischer wie personeller Art waren ausschlaggebend, um sich letztendlich zu einem essayistischen Kaleidoskop zu fügen – in kräftigem Schwarz-Gelb und leuchtendem Grün.

Von Praterhans'ln und anderen Kuriositäten

„Drum rath ich, Vetter Hirschgeweih,
Das stets auf guter Hut er sei,
Auch spitzt des Försters Junggesell,
Gar scharf die Nas' auf solch ein Fell,
Es gäb ihm wahrlich auf ein Haar,
Ein wunderschönes Hosenpaar,
Dann führt er Sonntags mit Gebraus,
En gala drin sein Traudel aus,
Drum Hansel, seid wohl auf der Hut,
Traut nicht zu viel, ihr wärt caput."

Solch mahnende Verse, stilistisch gleichsam verschwägert mit Wilhelm Busch und Börries von Münchhausens „Lederhosen-Saga", richtete einst Gabriel Leon an den wohl populärsten Praterhirsch des ausgehenden achtzehnten Jahrhunderts, dessen Name als „Waldhansl" überliefert wurde. Dieser hob sich nun durch sein allzu zahmes, zutrauliches Wesen von den übrigen bei der Bevölkerung ebenso beliebten Praterhansln ab. Ja, „er sprang vergnügt im Getümmel umher und kam oft sogar bis in die Jägerzeile herauf." Indes offenbarte sich tatsächlich ein anonymes goldenes Wienerherz als wahres „Herzerl", dessen bittere Süße Georg Kreisler in seinem Chanson „Gehn ma Tauberl vergiften im Park", gleichsam im handlichen Taschenformat, so treffend entlarvte –

Kampfjagd auf Schweine.

Hansl wurde eines schönen Tages vergiftet im Gesträuch aufgefunden. Dennoch lebten die anderen einige Dezennien zum Gaudium der Wiener im und um den Prater, als Aufputz ihrer kleinen Lustbarkeiten. Bis einer von ihnen, vielleicht auch durch Neckereien provoziert, seines „possierlichen" Daseins überdrüssig, gar heftig einen braven Wiener Bürgersmann molestierte. Daraufhin sah man sich veranlaßt, den verbliebenen Exemplaren einen neuen umfriedeten Einstand im kaiserlichen Tiergarten Lainz zu bieten.

Als Restposten des ehemaligen kaiserlichen Jagdreviers Prater finden sie heute allenfalls in der Abstellkammer der Heimatkunde ihren Anwert, nichtsdestoweniger erweist sich geradezu ihre volkstümliche Episodenrolle als Leitmotiv der neuen, der josephinischen Dramaturgie. Schließlich war es der reformfreudige Joseph II., der am 9. 4. 1766, also noch als Mitregent seiner kaiserlichen Mutter Maria Theresia, nach zweihundertjähriger Sperre den „Bratter" der Bevölkerung öffnete. Dieses Dekret erlaubte dem Publikum „frey spazieren zu gehen, zu reiten und zu fahren, und zwar nicht nur in der Hauptallee, sondern auch in den Seitenalleen, Wiesen und Plätzen ... und es auch niemandem verwehrt seyn soll, sich daselbst mit Ballenschlagen, Kegelscheiben und anderen erlaubten Unterhaltungen eigenen Gefallens zu divertieren."

Es begann der Wurstlprater also zu keimen. Die Hofjagden wurden nun nur noch in den reinen Waldgebieten des Praters abgehalten. Dieser

Vorhergehende Seite
Kaiserliche Tierhatz, um 1750.

Der vor allem in Salzburg vielbeschäftigte Melchior Küsel d. Ä. schuf mit seiner Kupferstich-Folge über die Prunkjagd anläßlich der Vermählung Kaiser Leopolds I. anno 1666 eine eindrucksvolle Serie über höfisch-barockes Jagdplaisir. Deutlich ersichtlich ist der inszenierte Charakter, Tribünen, Kostüme und ein strenges Reglement wiesen dieses Spectacel als temporäres Gesamtkunstwerk aus.
Bärenhatz im Wiener Prater.

großzügige Akt vollzog sich übrigens nicht von einem Tag auf den anderen. Vielmehr gedachte Joseph, dieses Gebiet in aimablem Zustand zu übergeben, und so ließ er dem Terrain vorher noch forstliche Pflege angedeihen. Solcherlei demokratische Untriebe riefen nun bei den Mitgliedern des Hofstaates helles Entsetzen hervor. War es doch bisher ihnen vorbehalten gewesen, den Prater zu betreten – und nun sollte man plötzlich nicht mehr „entre nous“ sein? Der vom Wohlwollen geradezu besessene Regent quittierte mit dem ihm eigenen Zynismus: „Wenn ich nur unter meinesgleichen sein wollte, müßte ich mein Leben in der Kapuzinergruft zubringen“. Und an anderer Stelle: „Wenn es sich um das öffentliche Wohl handelt, müssen die persönlichen Neigungen weichen.“ Voll Schrecken und erwartungsvollem Unbehagen orteten weite Kreise des Hofes andere derartige Ansinnen, derer sie nun allzeit gewärtig sein mußten. Und noch im gleichen Jahr beschloß er kurzerhand, „daß durch dieses Billet die Tragung des Mantel-Kleides aufgehoben sey.“ Ein knappes Schreiben, und mit einem Streich sollten sie ihrer Distinktion entkleidet sein? Damit wurde ja das Spanische Hofzeremoniell gleichsam entwurzelt!
Dieser Anschlag mochte wohl eine beträchtliche Zahl der Würdenträger zur Flucht in überlieferte Erinnerungen an die Glanzzeit höfischer Pracht und ebensolcher Jagden getrieben haben. Damals, als der Prater noch als Stätte habsburgischen Pläsiers galt.
Hundert Jahre zuvor, Kaiser Leopold I. heiratete seine erste Gemahlin, die Infantin Margaretha-Theresia von Spanien, gab man hier am 15. und 16. Dezember anno 1666 eine jener brokatschweren, goldbetreßten Festjagden. Wie man überhaupt für solcherlei Prunkjagden stets ein adäquates Ereignis wählte, etwa Geburtstage, Regierungsjubiläen und ähnliche Feierlichkeiten. „Zur Verwunderung sind 800 Stück Hirsche – nicht Kahlwild – in einem Rudel herangebracht worden, von denen der Kaiser und die Kaiserin einige Stücke geschossen haben“, weiß das „Diarium Europaeum“ darüber zu berichten. Bei einer „Sauhatz“ fing der Kaiser den kapitalsten Keiler mit der Saufeder selbst ab. Für den darauffolgenden Tag wurde ein Spektakel inszeniert, dessen Ausübung gerade Damen anempfohlen wurde, „da das Lachen die Brust ausräume und es einen schönen Busen mache“. Füchse, Dachse, gelegentlich auch anderes Kleingetier, wurden auf dem sogenannten Prellnetz in die Höhe geschleudert, wobei der Anblick des drollig-verrenkten Figurenspiels, welches man da in der Luft besehen konnte, zweifellos das Hauptamüsment bildete. Ein grausames Vergnügen, aber aus den Kategorien barocker Denkungsart durchaus verständlich. Es war eine Variante höfischer Festivität, der auch die Wiener Bevölkerung als gaffendes Publikum beiwohnte und durchaus seinen rohen Spaß dabei empfand.
Nun, derlei zelebriertes Gepränge wollte er nicht dulden, der reformfreudige Kaiser Joseph II. Nicht nur der beträchtlichen Kosten wegen, es entsprach auch nicht seinen ethischen Idealen. Obgleich die Jagd, speziell die Beizjagd, im Leben des jungen Joseph einen ungemein hohen Stellenwert einnahm, als Kaiser änderte sich das allerdings. Ein eigenes, ja geradezu nüchternes, pragmatisches Verhältnis legte er dem Schwarzwild gegenüber an den Tag. Die Verwüstungen, die es auf den Feldern verursachte, waren enorm, so sah er es durchaus mit Behagen, wenn bei planmäßigen Schwarzwildhatzen deren mehrere Dutzend zur Strecke kamen. Im Grunde strebte er an, „daß sie im Freyen gänz-

Die Jagdleoparden Kaiser Leopolds I.

„Es ist noch eine Art von Jagd in Wien bekannt gewesen, welche noch kein Kaiser in Europa genossen, nämlich die Leopardenjagd. Der türkische Kaiser hatte mit der letzten Gesandtschaft unter anderem zwei zum Jagen abgerichtete Leoparden präsentieren lassen, womit sich Seine Majestät zum höchsten Vergnügen öfters divertierte. Diese Thiere waren so zahm als der allgewöhnlichste Hund, saßen ihren Wärtern allezeit auf der Kruppen und sahen sich bei der Jagd weit um, ob sie was gewahr würden. Erblickten sie nun Hasen, Rehe und dergleichen Thiere, so sprangen sie ab, und in vogelschnellem Schuß hatten sie das Wild eingeholt, worauf sie sich wieder hinter ihren gewohnten Jäger auf das Pferd setzten und einen neuen Fang ablauschten. Als aber die hungarischen Rebellen vor einigen Jahren bis fast in die Vorstädte von Wien einbrachen, haben sie diese Thiere niedergehauen, um sich der Felle für ihre hungarische Tracht zu bedienen.“

Anno 1713 niedergeschrieben

Wildschweinjagd.

Kaiserliche Hofjagd im Prater.

lich ausgerottet und vertilgt werden." Zwar hatte er selbst an diesen Saujagden beim Jagdschloß Neugebäude und im Gatterhölzl teilgenommen, später konnte er ihnen allerdings wenig abgewinnen.
Auch in diesem Punkte war er völlig anders geartet als sein Vater, Franz Stephan von Lothringen. Dieser, der in der Obhut seines Schwiegervaters Karls VI. einen Gutteil seiner Prinzenerziehung genoß, entwickelte sich unter dessen Einfluß zu einem ebenso passionierten Nimrod. Wer sich im standesgemäßen Umfeld Karls befand, mußte ganz einfach vom Sog seiner ungeheuren Jagdleidenschaft, die er übrigens nicht aus Prestigegründen, sondern aus Berufung betrieb, erfaßt werden. Der junge Lothringer wurde gleichsam dem Unterrichte entrissen, seine Erzieher verzweifelten. Und während der Kaiser auch nach den härtesten Jagden am Abend seinen Pflichten nachkam, so war die Konstitution Franz Stephans zu schwächlich, das Konzentrationsvermögen zu fragil, um das Versäumte nachzuholen. Aber wenn Seine Majestät geruhten, mit dem jungen Herrn Dianen zu huldigen – was eben nur allzuoft geschah –, wer wollte sich da erkühnen, dies zu kommentieren?
Indes notierte die Camarilla, wie trefflich der junge Prinz sich doch als Waidmann mache. Im Dezember anno 1725 erlegte er bei einer Sauhatz in Purkersdorf hundert, der Kaiser zweihundert Stück. Am Jahresende konnte das habsburgisch-lothringische Duo – welch ein Vorgriff – eine gemeinsame Jahresstrecke von rund eintausend Sauen verzeichnen.
Diesem Beispiel wollte Joseph nun nicht nacheifern. Da gab er sich der ungleich dynamischeren Parforce-Jagd auf Hirsche lieber hin, am liebsten im Prater oder auch in den Wäldern von Stammersdorf bis Breitenlehe.
Er galt als ausdauernder Reiter, dem es auch mit dreiundvierzig Jahren nicht an Courage zu fehlen schien, als er am 29. Juli 1784 in der Brigittenau, dem heutigen 20. Wiener Gemeindebezirk, von einem Hirsch ernsthaft verletzt wurde. Dennoch gelang es ihm, trotz größter Pein, ihn selbst zu erlegen.
Nun, der heutige 20. Bezirk verlangt schon ein gehöriges Maß an Vorstellungskraft, um sich diese Szene plastisch vorstellen zu können. Mit einem lapidaren „Tempi passati" würde man sich eines zu billigen Argumentes bedienen. Wie reizvoll erscheint es doch, sich dem freien Spiel der Phantasie hinzugeben und tiefer in die jagdliche Vergangenheit von Wiener Bezirken und deren nächster Umgebung einzudringen. Man stelle sich jenen Waidmann vor, der hier noch anno 1855 einen starken Zwanzigender erlegte, ja 1857 fanden hier noch heftige Brunftkämpfe statt, und weithin konnte man das Röhren der Hirsche vernehmen. Im heutigen Wurschtlprater wurde anno 1867 ein ungerader Vierzehnender gestreckt. Und in Meidling, dem heutigen 12. Wiener Bezirk, lag am 7. August des Jahres 1690 ein braver Achter auf der Decke.
Anno 1604 mußte man verzeifelte Klagen aus Neustift am Walde vernehmen, (einem Teil des 18. Wiener Gemeindebezirkes). Der Weg zur Kirche nach Sievering, hieß es, sei der Wölfe wegen höchst unsicher und gefährlich und hin und wieder geschah es, daß sie den „Schäfchen" der Gemeinde nachstellten. Aus dieser bedrohlichen Plage erwuchs auch deshalb ihr Wunsch nach einem eigenen Gotteshaus. Bleiben wir bei weinumrankten, legendären Gefilden und wenden wir uns wieder dem Rotwild zu. Wer nämlich heute in Gumpoldskrichen beim Heurigen einkehrt und sich im schirmenden Schatten eines Kastanienbames niederläßt – vor sich ein wohlgefülltes Gefäß – dem sei gesagt, daß Kaiser

Die Sauhatz, Tafel eines Leopoldaltares von Rueland frue auf, d. J. 1501, Chorherrenstift Klosterneuburg.

Kavaliere beim Fuchsprellen, in dem ein harmloses Netz zur tödlichen Waffe wird.

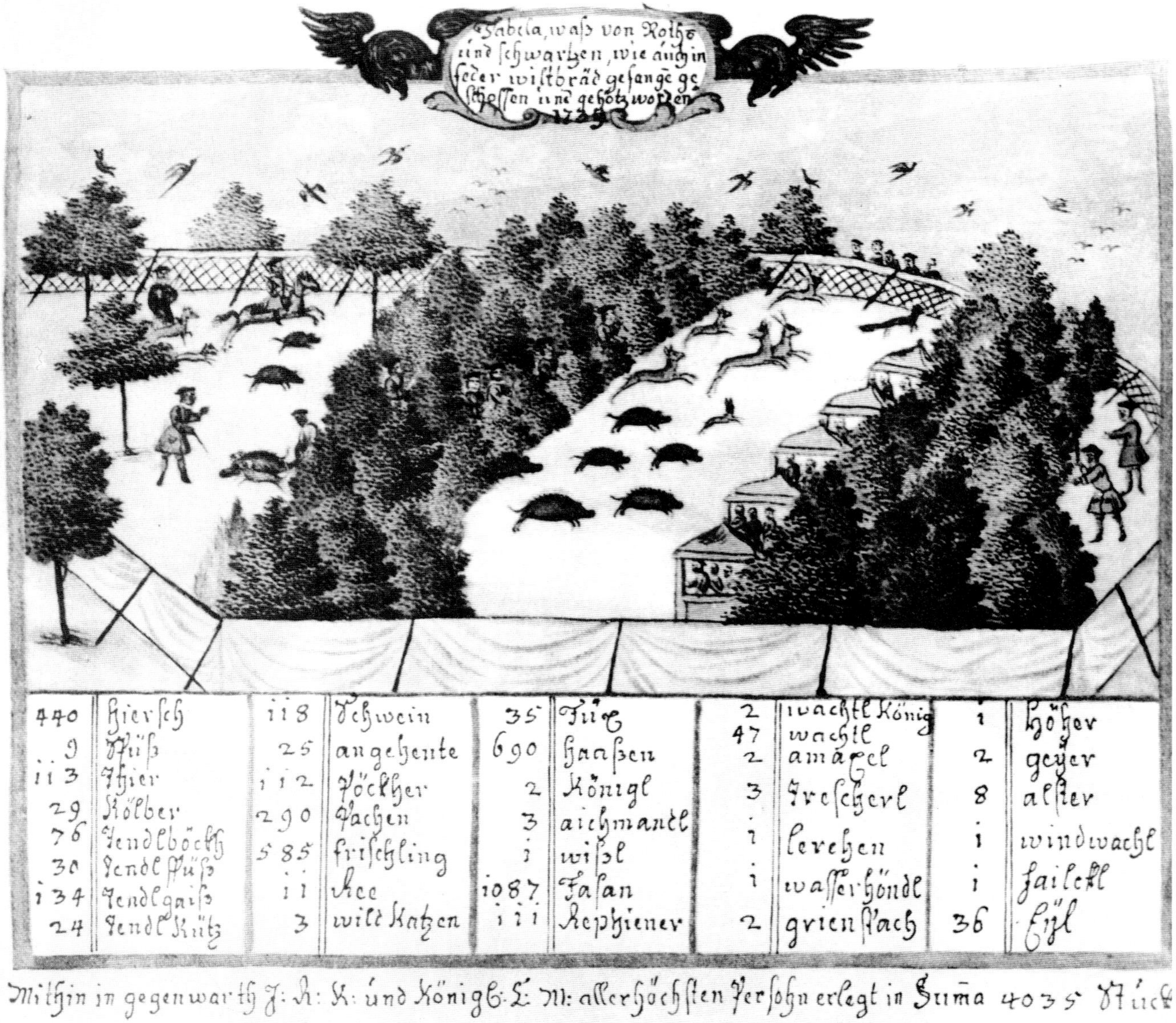

Maximilian I. der Hirschjagd am nahen Anninger besonders gern huldigte. Und die vom Zierfandler herrührende grüngoldene Leuchtkraft belebt so manchen für Phantasmagorien empfänglichen Kreis und läßt ihn jenes „geistbeladene Zechen“ anheben, und in die Tiefen der Zeit führen kann. Des „Heiligen Römischen Reiches Erzjägermeister“ wird zum Thema eines nicht ganz ernst gemeinten Colloquiums, das „Geläut“ der Hunde von Lautgemälden illustriert, dumpfer Hufschlag schwerer Rösser auf der Tischplatte. Dialoge in fremd anmutendem, altem Klange ebenso wie Zitate eines „längst verschollen geglaubten“ nie geschriebenen Buches entrollen sich da vor einem über den gedanklichen Brawurgalopp dieses sonderbaren Circels staunenden Publikums. Nicht die Dosis aus den Fechsungen der Rieden ist es, sondern die pure Lust am fundierten Fabulieren, erspielte Geschichte, die den Geist rege und beweglich hält.

Hermesvilla
Stille Stunden bei letztem Büchsenlicht

Franz Josephs gute Absicht ging fehl:
Elisabeth wurde auf die Dauer ihrer eigenen „Residenz“ nicht froh.

Die Kindheitserinnerungen Kaiser Franz Josephs sind eng mit dem kaiserlichen Tiergarten in Lainz verbunden. Hier begleitete er seinen Vater Erzherzog Franz Karl, hier absolvierte er seine „Lehrjagden", und bis in die achtziger Jahre zog es ihn zum Schnepfenklopfen in diese vertraute, so nahe Landschaft, in der er den Bau eines Jagdhauses in der östlichen Randzone der Wälder bei Lainz erwog, denn die Räume des alten Forstgebäudes Auhof entsprachen nicht einmal den Erfordernissen des in solchen Dingen sehr bescheidenen Allerhöchsten Jagdherrn, der sich etwa in Mürzsteg oder in Offensee mit ländlicher Einfachheit durchaus zufriedengab.

Soweit die ursprüngliche Absicht. Das Ergebnis freilich, die Hermesvilla, geriet weder in der architektonischen Gestaltung noch der Bestimmung nach zu einem Jagdschloß, größer und aufwendiger wohl, als es dem Monarchen anfangs vorgeschwebt sein mochte. Was Carl Hasenauer in den Jahren ab 1882 errichtete, ist dem Typus nach eine feudale Villa Suburbana der Epoche, den Landpalästen von Finanzmagnaten ähnlicher als einem habsburgischen Tusculum. Dieser allmähliche Wandel des Planes hat seine tieferen, psychischen Beweggründe. Darin spiegelt sich das, wie wir heute sagen würden, „gestörte" persönliche Verhältnis des Herrscherpaares zueinander. Der passionierte Weidmann stellt seine eigenen Intentionen zurück. Ihm geht es nun vielmehr darum, der Kaiserin im Radius der Hofhaltung Schönbrunns ein Reservat zu schaffen. So betrachtet ist die Hermesvilla in architektonischer Form Ausdruck einer ritterlichen Huldigung, welche die Wahrung einer gewissen Distanz respektiert.

Mit einer Entschließung vom 9. Jänner 1884 – damals wird noch emsig an der Einrichtung der Räume gearbeitet – überträgt Franz Joseph das Eigentumsrecht an diesem Retiro seiner Gemahlin. Wie in Gödöllö, wo er Elisabeth faktisch als Herrin einsetzte, ist er fortan auch in der Hermesvilla Gast der Kaiserin auf ihrem individuellen Terrain.

Aber Elisabeth wird auch dort nicht heimisch. Seine Hoffnungen, die Ruhelose zu längerem Verweilen in Wien zu bewegen und damit dem Bauwerk eine Funktion zu geben, erfüllen sich nicht, was er mit dem Stoßseufzer quittiert: „Ich werde mich immer fürchten, alles zu verderben." Im Mai 1887 verbringt das Herrscherpaar mit Erzherzogin Valerie einige Zeit in der Villa, und solche frühsommerliche Aufenthalte im Lainzer Tiergarten scheinen ihren Stellenwert im kaiserlichen Jahreslauf zu gewinnen. Aber oft wird Elisabeth dieses Séjours nicht froh, hängt trüben Gedanken nach, klagt über die Feuchtigkeit, die ihr rheumatische Beschwerden verursacht und sehnt die Abreise zu den Gestaden des Mittelmeeres herbei.

1891 sucht sie einen Lehrer und Vorleser für ihre Griechisch-Studien. Durch Vermittlung des bedeutenden Mäzens Nikolaus Dumba, der selbst von Griechen abstammt, fällt die Wahl auf den in Wien studierenden Athener Konstantin Christomanos, einen Schwärmer und Schönheitssucher des Fin de siècle, der später, 1899, in „Tagebuchblättern" von einem geschmeidehaften, byzantinischen Wortprunk der Kaiserin ein idealisiertes Denkmal setzten wird. Mit ihm unternimmt sie weite Wanderungen durch das Gelände des Tiergartens, in Gespräche über Homer und Heine vertieft.

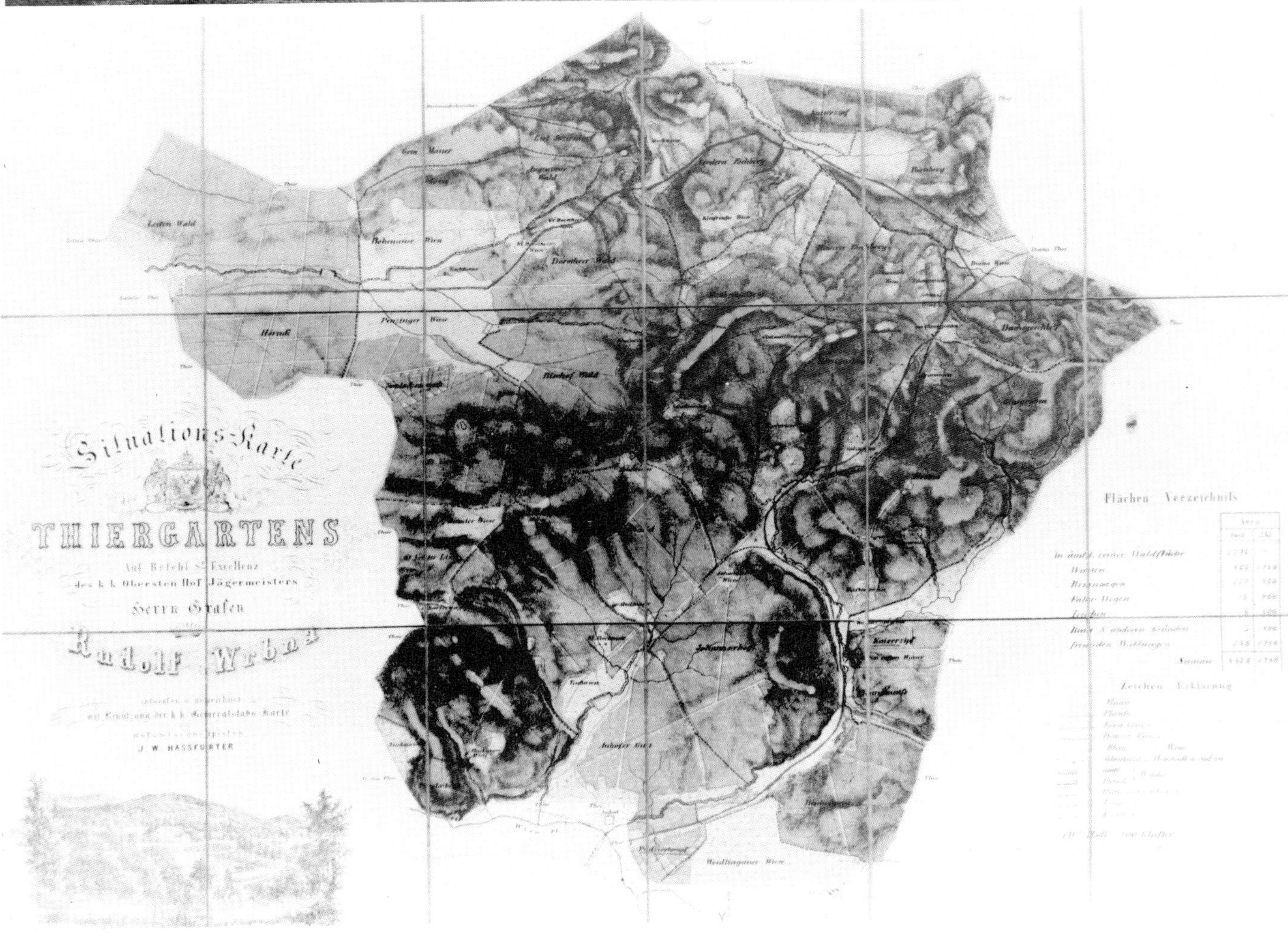
Situations-Karte
THIERGARTENS
Auf Befehl Sr Excellenz
des k. k. Obersten Hof Jägermeisters
Herrn Grafen
Rudolf Wrbna
J. W. HASSFURTER
Flächen Verzeichnis
Zeichen Erklärung
Weidlingauer Wiese

Partie des Lainzer Tiergartens mit der Nikolai-Kapelle.

Steinerne Keiler an der Eingangsallee beim Auhof, aufgenommen an einem Frühlingstag des Jahres 1936.

Zeitgenössischer Plan des Lainzer Tiergartens.

Die erste und einzige ungetrübte Freude in der Hermesvilla erlebt sie, als dort im Mai 1893 die Verlobung ihrer Enkelin Augusta gefeiert wird. Doch bald ist sie wieder in schwärzester Stimmung, teils auch bedingt durch ihre Gewaltdiät und widernatürliche Kasteiung. Des öfteren verbringt sie nun mehrere Wochen des Frühlings in Bad Kissingen und reist dann nach Wien, wo sie der Kaiser gern *sans façon* in der kleinen Station Ober-Hetzendorf der Verbindungsbahn erwartet, um mit ihr in die Hermesvilla zu fahren. So auch 1898. Elisabeths Menschenscheu hat sich dermaßen gesteigert, daß ihr sogar der Umgang mit den Töchtern und den Enkeln verleidet ist. Zudem beginnt der Sommer mit Temperaturstürzen, morgens und abends legt sich Nebel über die Forste des Tiergartens. Schon an einem der ersten Julitage hält es sie nicht mehr, sie reist ab, vorerst mit dem Ziel Ischl. Als der Wagen durch die Allee zum Lainzer Tor rollt, blickt sie sich kein einzigesmal um.

Anders als Elisabeth hat Franz Joseph eine innerne Beziehung zu der Hermesvilla gewonnen, eine, wenn man es so nennen will, „sentimentale" Bindung. Dieser Bau ist ihm ein Sinnbild für den letzten Rest von Gemeinsamkeit mit der Frau, die ihm noch immer so viel bedeutet. Manchmal geht er auf die Suche nach Erinnerungen, die zumindest ihm teuer sind. Aus der Schlichtheit der Selbstzeugnisse, die von solchen stillen Stunden berichten, entsteht, ins Kakanische übertragen, eine eigenartige, fast an die Romanfiguren Marcel Prousts gemahnende Stimmung der *„recherche du temps perdu"*. Wenige Sätze werden zu Elegien eines, wie man glaubt, sehr nüchternen Menschen. „Um 5 Uhr bin ich in die Villa Hermes gefahren, um etwas Luft zu schöpfen", schreibt er der Kaiserin am 1. September 1898. „Ich bin in der Nähe der Villa spazieren gegangen, war auch auf dem Aussichtspunkt hinter dem Hause, bei dem großen Baum und bewunderte die besonders klare Fernsicht."

Am 9. September wandert der Kaiser bei letztem Büchsenlicht wieder einsam um den unbewohnten Bau. „Der Abend war herbstlich aber sehr schön", berichtet er tags darauf nach Genf, dem momentanen Aufenthaltsort der Kaiserin. Sie verspricht sich in der Westschweizer Natur Erholung, das freut ihn von Herzen. Und eine spontan geäußerte Regung der Fernen macht ihn fast glücklich, deshalb fügt er hinzu:

„Daß Du dennoch eine Art Heimweh nach unserer lieben Villa ‚Hermes' gefühlt hast, hat mich gerührt."

Dieser Brief erreicht Elisabeth nicht mehr.

Ein Jahr später ist Katharina Schratt die Adressatin seiner Betrachtungen. Franz Joseph hat sich wieder in den Tiergarten begeben, ging durch alle Räume der Villa. „Es war recht wehmüthig und doch wohlthuend. Wenn Sie wieder hier sind, müssen wir wieder zusammen die theuere Erinnerungsstätte besuchen." Das Wort „wieder" bildet gleichsam einen Refrain, läßt darauf schließen, daß der ans Regelmaß gewöhnte Monarch nach Erledigung seines Tagespensums solche Fahrten aus Schönbrunn des öfteren unternahm.

1909 erzählte man sich in Wien, der Kaiser werde im Herbst, nach der Rückkehr aus Ischl, nicht mehr in Schönbrunn, sondern in der Hermesvilla auf Dauer Wohnung nehmen. Sogar die Presse befaßte sich mit diesem „Plan" des Monarchen, obwohl er Allerhöchstselber nicht im entferntesten an sowas dachte, geschweige denn jemals eine derartige Erwägung oder Absicht geäußert hatte. Wer diese Geschichte – vielleicht eine Hundstage-Idee – aufbrachte, blieb schleierhaft. Es gab kein offizielles Dementi, die Angelegenheit wurde nach bewährter Methode „nicht einmal ignoriert".

Merkwürdig aber, daß damals die Beschäftigung mit diesem Gebiet als möglichem Sitz der Hofhaltung „in der Luft zu liegen" schien. Der Thronfolger entwarf im Belvedere bereits mehr oder weniger definitive Pläne für seine Regierungszeit als Kaiser Franz II. So wollte er sich nennen, wenn endlich einmal ... Er trug sich mit dem Gedanken, dereinst nicht in der Hofburg oder in Schönbrunn zu residieren, sondern in einem neuen Schloß inmitten der Reviere, also gleichsam von Grund auf ein zweites Konopischt zu schaffen. Nach genauen Erkundungen und Vermessungen im Gelände des Lainzer Tiergartens wurde sogar schon der Bauplatz bestimmt: der östliche Abhang des Hornauskogels, mit weitem Ausblick über die Stadt. Dort sollte der neue Mittelpunkt des Hauses Österreich-Este entstehen, sicherlich in dem von Franz Ferdinand sehr geschätzten „Reichsstil", Architektur eines betont patriotischen Späthistorismus, der sich an Vorbilder aus den Epochen Karls VI. und Maria Theresias hielt. Man mag sich das Ganze in der Gestaltung etwa als eine Paraphrase des Kriegsministeriums am Stubenring vorstellen, in distanzierter, beherrschender Lage, ähnlich der des Schlosses Wilhelminenberg.

In romantischer Stimmung am Rand des Lainzer Tiergartens: der Auhof.

Es blieb bei den Phantasien des Ungeduldigen. Konkrete Vorarbeiten mußten immer wieder verschoben werden. Und so entschwand das niemals gebaute Kaiserschloß spurlos ins Reich der vergessenen Wiener Utopien und Projekte …

43. DER KHAISERLICHE LVST

Schönbrunn vor seiner Glanzzeit

„Die weitläufigen Grundstrecken, welche das kaiserliche Lustschloß Schönbrunn mit seinen ausgedehnten Gärten jetzt einnimmt, gehörten ehedem zu den angrenzenden Gemeinden Hietzing und Meidling". So schreibt der Historiker Quirin Leitner, eine Art Hofhistoriograph, in seinem 1875 erschienenen Werk über die Sommerresidenz seines Monarchen. „Zwischen diesen beiden lag ein Wirtschaftshof mit einer Mühle, genannt die Kattermühle. Sie wurde vom Stifte Klosterneuburg zum Zwecke der besseren Bewirtschaftung der bei Hietzing und Meidling liegenden bedeutenden Stiftsgüter, angekauft."

Das war noch im späten Mittelalter. Die Klosterneuburger Kleriker vergaben die Kattermühle in Pacht, die Abfolge der Pächter ist vergilbter Registraturbestand, in den sich Leute mit notariellen Neigungen vertieft haben mochten, Kanzlei-Inventar – bis, ja bis zu jenem Wiener „Stadtanwalt" Hermann Bayer, der mit juristischer Spitzfindigkeit und wohl auch geschickten Winkelzügen um die Mitte des 16. Jahrhunderts die Liegenschaft an sich zu bringen wußte. Obwohl er ein säumiger Zahler war, indes offenbar über die Mittel verfügte, um auf dem Terrain einen Landsitz zu errichten, den er die Katterburg nannte. Nach seinem Tod sollte der Besitz an einen Herrn verkauft werden, der zu seinem schönen Namen Peter von Mollart zu Rainegg auch die klingenden Titel „der Römisch Kaiserlichen Majestät Rath" und „der Römischen Kaiserin Kämmerer und Stallmeister" führte.

Der Herrscher, dem er diese Würden und Ämter verdankte, war Maximilian II., der Spätrenaissance-Kaiser, über den die heutigen Österreicher so wenig oder gar nichts wissen, weil er keiner von den Habsburgern war, welche durch ihr Charakterbild, ihre Taten und Schicksale die Volksphantasie anregten. Für unseren Aspekt freilich wird er schon deshalb interessant, weil er es war, der eine Tradition des Hauses begründete: die habsburgische innere Bindung an die Landschaft südwestlich der Stadt, den Sinn für die Schönheiten dieser Natur, die man sich zu seiner Zeit den Gebieten des südlichen Wienerwaldes sehr ähnlich denken mag, mit weitläufigen Waldungen, Weidegründen, Mühlbächen, Weingärten und Teichen im Wechsel zwischen ebenem und hügeligem Gelände. Das Ganze muß wohl die Stimmung einer Renaissance-Pastorale ausgestrahlt haben.

Als die Verhandlungen mit Herrn von Mollart liefen, bekundete der Kaiser selbst reges Interesse an der Erwerbung. Das genügte, denn wer vermochte in Sachen einer Eigentumsübertragung mit dem Herrscher zu konkurrieren, wer hätte sich dazu erkühnt? Dennoch kam der definitive Verkauf erst anno 1585 zustande, nach langwierigen, vermutlich oftmals unterbrochenen Formalitäten. De facto freilich nahm Maximilian II. das Areal schon viel früher in Besitz. Er ließ es mit einem hölzernen Plankenzaun einfrieden, so begann die allmähliche Umwandlung von der Landwirtschaft zu einem Tiergarten und einem Revier mit einer Fasanerie und sogar einer Biberkolonie bei den Fischteichen. Erst nach der Abgrenzung des Gebietes erfolgte die Einsetzung von Populationen des Reh-, Rot- und Schwarzwildes. Den Kaiser reizte also nicht ein a priori wildreiches Revier, er mußte sich dieses erst schaffen. Unter dem Personal wurde ein Hüter eigens dazu bestellt, Tag für Tag gleichsam auf Patrouille zu gehen, nämlich das

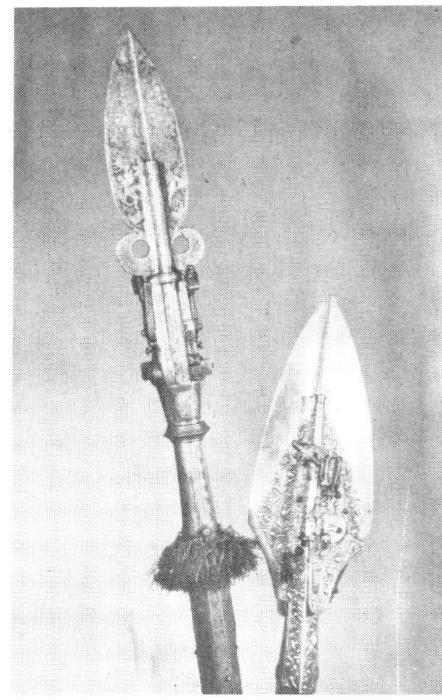

Zwei Schweinspieße mit doppelter Schießvorrichtung aus dem Besitz des Erzherzogs Friedrich von Tirol, Ende 16., und frühes 17. Jhdt., Kunsthist. Museum.

Vorhergehende Seite:
(umseitig) Schon als „Schönbrunn" bezeichnet: das Gehege samt Schloß auf einem Kupferstich in Georg Matthäus Vischers Topographie. Niederösterreichs, 1672.

Der Falkner, Birnholzstatuette von Anton Pilgram, um 1501. Kunsthist. Museum.

Rechts:Der „Stammvater" der Schönbrunner Traditionen: Kaiser Maximilian II.

Erhalten blieb der Brunnenstein
mit seinem Monogramm.

Erzherzog Matthias.

Radschloßbüchse und Pulverflasche
des Erzherzogs Leopold V. von
Steiermark aus dem Jahre 1628
mit dem Monogramm des
Ferlacher Büchsenschäfters
Hans Schmidt, Kunsthist. Museum.

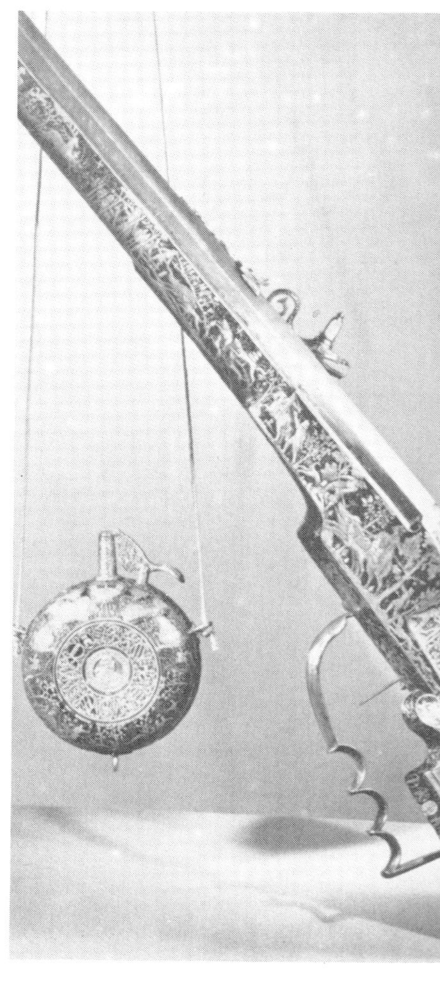

Gehege in seinem gesamten Ausmaß zu umrunden und dafür zu sorgen, daß „das wildbredt nicht auskummen oder Ihme sonst nachtheil zustossen möcht".
Auf Befehl des Kaisers wurde das Herrenhaus Katterburg ausgebaut, die Quadern dafür stammten aus den Steinbrüchen der nahen Gegend von Rodaun und Perchtoldsdorf. Wie sehr Maximilian II. die Aufenthalte in seinem Revier liebte, davon zeugt ein wehmütiger Ausspruch des im Herbst 1576 in der Freien Reichsstadt Regensburg Dahinsiechenden: nun werde er wohl nie mehr zur Katterburg ausziehen.
In der Ära seines Nachfolgers Rudolf II. wurde nur für die Instandhaltung des Besitzes gesorgt, der Kaiser selber lebte in Prag, auf dem Hradschin, kostbare und seltsame Dinge sammelnd, im Umgang mit Alchemisten und Sterndeutern in Betrachtungen über die Geheimnisse der sichtbaren Welt und des Universums verloren. Aber sein Bruder Erzherzog Matthias, Regent in Österreich und in Ungarn, wurde zur Schlüsselfigur in der Geschichte des Ortes, ja mit ihm fängt sie in der landläufigen Darstellung erst an. Als großer Nimrod jagte er oft in den Wäldern, und auf einem seiner Streifzüge entdeckte er am Fuß des Hügelszuges, der nun die Gloriette trägt – und ursprünglich um einiges höher war – eine Quelle, die er den „schönen Brunnen" nannte. Die Beifügung „schön" bezog sich vielleicht nicht so sehr auf die landschaftliche Lage, sondern hatte die Nebenbedeutung von „gut", weil das dort entspringende Wasser besonders klar und wohlschmeckend war – und, zum Glück, noch immer ist. In diesem Sinn berichtet zumindest die Überlieferung. Ob es sich wirklich so zugetragen hat oder die Fama ausschmückend eingriff, bleibt offen. (Seltsam übrigens, daß in der Epoche der romantischen Habsburger-Historienmalerei der

MATHIAS REX BOHEMIÆ ET HVNGARIÆ ARCHIDVX AVSTRIÆ
SALVTEM EX INIMICIS NOSTRIS
CORONAT' PRAGÆ DIE XXIII MAII. 1611
questo ritratto senza lettere con del'uno, et l'impresa dell'altra banda delle mo-
nete buttate al Populo nell'incoronatione.

Brüder Schnorr von Carolsfeld und ihrer Zeitgenossen dieses Ereignis nicht als Motiv für Gemälde gewählt wurde!) Als Beweisstück mag jene Steinplatte gelten, mit welcher der hohe Jäger den Quell markierte. Sie zeigt seine Initiale, das gekrönte doppelte M, seit langem als ältestes Relikt in die Parkmauer neben dem Tivoli-Tor eingefügt, zur Erinnerung an die „Vorzeit" Schönbrunns.

Im weiteren stand das Gebiet – wie ein rundes Jahrhundert später – im Zeichen erlauchter Frauen. Die erste war Eleonora von Gonzaga, die Gemahlin Kaiser Ferdinands II. Für sie war die ausgestaltete Katterburg ein Sommersitz etwa im Stil einer Villa Suburbana ihrer italienischen Heimat, und als eine Diana des Frühbarock pflegte auch sie das Waidwerk. Darauf bezieht sich auch eine Bestimmung ihres Sohnes Ferdinands III., der seiner verwitweten Mutter „insonderheit auch den Thier- und Fasangarten daselbst" auf Lebenszeit überließ.

Als sie 1655 starb, wurde ihre Nachfolgerin auf dem Landsitz, nunmehr bereits zu einem stattlichen Lustschloß ausgebaut, die dritte Gemahlin Ferdinands III., die Mantuanerin Maria Eleonora. Über diese seltsame Frau, die den irdischen Freuden zugetan war und die himmlische Seligkeit ersehnte, heißt es: „Die Kirche hatte ihr kaum weniger zu danken als die Mode, die Jagd, das Ballett. Sie hat sich mit gleicher Leidenschaft um die Jesuiten wie um die Falkner aus Maastricht, englische Jagdhunde und die Schönbrunner Schäferspiele verdient gemacht."

Im Wildbestand, der beträchtlich war, scheint das Damwild dominiert zu haben. 1660 vermeldet ein Beobachter: „Der Thier-Garten ist anderthalb gute Meilen im Umfange und sollen anietzo in die 700 Dam-Hirsche darinnen lauffen, inmaßen wir auf den Wiesen in die 300 Stück stehen gesehen haben; zur Linken gegen das Lusthaus über ist ein lustiges Holtz (Gehölz) von lauter Eichen."

Zu Maria Eleonoras Zeiten, genau gesagt anno 1672, taucht als Bezeichnung eines anschaulichen Kupferstichs in Georg Michael Vischers berühmter Topographie von Niederösterreich schon der Name „Schenbrunn" auf.

Das Jahr 1683 mit seinen Verwüstungen im Umland der Residenzstadt schien das Ende zu bedeuten. Während der Belagerung leisteten die türkischen Invasoren ganze Arbeit. Sie erlegten alles, und ganz bestimmt nicht waidgerecht, hausten in den Waldungen, „daß kaum etliche stamb (Stämme) aufrecht gelassen worden", plünderten das Schloß und steckten es in Brand.

Was Kaiser Leopold I. gemäß der Verfügung Ferdinands II. von seiner 1686 verstorbenen Stiefmutter als Erbe und Eigentum übernahm, war also eine Trümmerstätte in verheerter Landschaft. Doch ihn leitete ein Wille zum Wiederaufbau, der vielleicht gerade uns Menschen des 20. Jahrhunderts in seiner ganzen Tragweite verständlich ist. Schönbrunn sollte, nach den ursprünglichen Intentionen des Kaisers, wieder habsburgisches Jagdrevier werden, was ein Langzeitprojekt gewesen wäre, da es die Aufforstung und neuen Besatz bedingt hätte. An der Stelle der vernichteten Katterburg sollte ein Jagdschloß entstehen, Leopolds eigene Formulierung lautet sogar um einige Grade bescheidener: „Jagdhaus". Als Architekten dafür berief er den ambitionierten jungen Johann Bernhard Fischer von Erlach. Im Zusammenwirken des kaiserlichen Bauherrn mit dem genialen Künstler erfuhren die Planungen allmählich einen Wandel zu größeren

Jagd bei Hof/Versamlung der Jäger, Ölgemälde von Alexander von Bensa.

Dimensionen und reicherem Entwurf. Schönbrunns Geschichte als Jagdrevier war abgeschlossen. Ein neues Kapitel begann.

Kaiser Maximilian:
Der „Programmatische" Erste

Als „letzter Ritter“ und Herrscher einer neuen Zeit verstand er diesen Dualismus gleichsam zu einem Ganzen zu verschmelzen. Das ausklingende Mittelalter mit seinen „Ritteridealen“ manifestiert sich im „Theuerdank“, im „Weißkunig“ offenbart sich sein Sinn für den soeben aufkeimenden deutschen Humanismus. Es war ein Leben zwischen Armbrust, den Anfängen der Artillerie und Albrecht Dürer, zu dem Maximilian ein freundschaftliches Verhältnis pflog.
Er war Jäger und der erste Kaiser, der sich, gleichsam als Bekenntnis zu seiner Passion, als solcher in „Wasserfarben auf ein Tuech mit einem Palaster (Armbrust, Anm. d. Autors)“ porträtieren ließ. Als der „Erste“ war er in vielerlei Hinsicht geradzu programmatisch: Er vollzog die Trennung von Jagd und Forst und ernannte Jan van Hilland, genannt „Kniepiss“, zum obersten Jägermeister, zu dessen Obliegenheiten die Überwachung des Reviers und die Hege des Wildes zählten. Freilich standen „Kniepiss“ hiefür ausreichend Subalterne zur Verfügung. Maximilian war es auch, der das Areal von Telfs bis Wattens zum Hofjagdrevier bestimmte. Er ließ Schongebiete, sogenannte „Mutterreviere“ anlegen und befahl eine Reihe weiterer Maßnahmen, durch die sich mit der Zeit die Jägerei zu einer straff organisierten Zunft, ja einem eigenen Stand entwickelte.
Als Bereicherung der deutschsprachigen Jagdliteratur gilt zweifelsohne sein „Jagdbuch“, das nach seinen Plänen drei Teile umfassen sollte. Der im Jahre 1500 entstandene erste Teil beinhaltet die in den sechzehn Gerichten des tirolischen Ober- und Unterinntals liegenden Hirsch-

Vorhergehende Seite: (umseitig) Die Wildschweinjagd und die Falknerei (unten) im Triumphzug Kaiser Maximilians I. nach Holzschnitten von Hans Burgkmair d. Ä.

Fünf Falkner zu Pferde.

Maximilian, der „Weißkunig" selbst, mit dem Beizvogel.

und Gamsjagden. Der zweite Teil fehlt. Auch ist es nicht sicher, ob er tatsächlich jemals geschrieben wurde. Im dritten Teil werden die Wildbanne und Jagden in Österreich nördlich und südlich der Enns, nördlich und südlich in der Steiermark, Kärnten, Krain und der Grafschaft Cilli behandelt.

Das heute allseits bekannte „Geheime Jagdbuch" war hingegen eine Art Notizbuch Maximilians, das unerhört detailierte, praxisbezogene Anleitungen und Bemerkungen enthält. So läßt sich entnehmen, daß des Gamsjägers Wams und Hose von grauer und grüner Farbe sein soll,

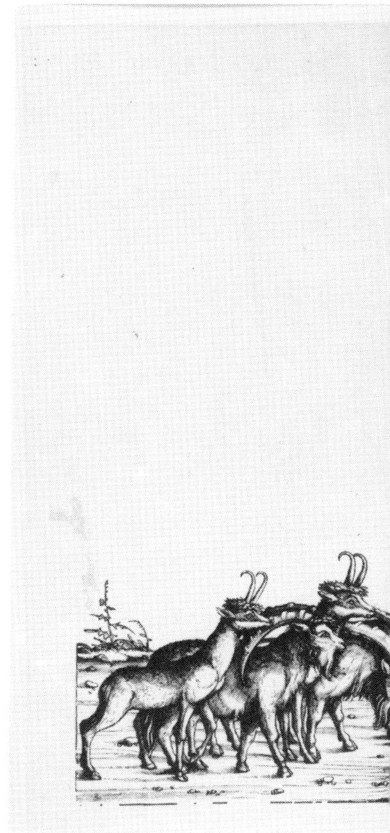

Hirschjagd, Gemsenjagd und Beizjagd, von Hans Burgkmair d. Ä. „choreographiert“.

sehr lang vor Erzherzog Johanns Empfehlung. Weiters solle man „kleine dünne Handschühelein, der Hand nach ausgeschnitten, und zwei wollene aus weißem Tuch mithaben. Wird es kalt oder regnet es, so haften die Wollenen, während die Kleinen am Schafte (Bergstock, aber auch Spieß, Anm. d. Autors) glitschen.“ Zusätzlich erweist sich ein „wollenes Sockenpaar“ als vorteilhaft, „wenn du auf dem Gebirge in den Schnee kommst, daß du die Socken über die Schuhe und Hosen anlegen“ kannst. Gut ist es auch, „allzeit zwei Paar Schuhe (zu) haben; dazu vier Leisten, wenn du auf das Gebirge gehst in den Schnee und die Schuhe naß werden, daß man sie über die Leisten schlage und die trockenen hervorhole. Die Schuhe sollen mit Rändern gemacht werden, damit keine Steine hineinfallen“. Folgt man nun dieser weitvorausschauenden Denkungsweise, so erscheint es konsequent, auch auf Vorläufer von Helm, Steigeisen und Seil zu stoßen.

Für Maximilian war die Jagd vor allem auch körperliche Ertüchtigung; er schätzte das, wie man heute sagen würde, „sportliche Element“ der Natur. Trotz all dieser Modernismen stand er der „Handpuxn“, einem frühen Feuerrohr, mit Abneigung gegenüber. Er bevorzugte die Hetzjagd zu Pferd. Damals zog noch in ganz Tirol das Rotwild seine Fährte, aber auch die Hirschjagden um Eisenerz und Radmer in der Steiermark werden als besonders abwechslungsreich überliefert.

Eine besondere Jagdart, die in vormaximilianischer Zeit noch nicht erwähnt wurde, war das sogenannte „Gamsstechen“. Ein etwa 7 Meter langer Schaft, an dem auch ein sogenanntes „Düllmesser“ befestigt werden konnte, diente zum Auswerfen oder Stechen des in der Wand

stehenden Stückes Gams; aber auch Steinwild wurde mit dieser Waffe bejagt. Über Art, Beschaffenheit und Aufbewahrung finden sich ausführliche Ratschläge im „geheimen Jagdbuch". Eine solche Szene zeigt übrigens das nach Entwürfen des Wahl-Salzburger Malers Franz Jung-Ilsenheim und vom Doyen historischer Figurinenkunst Hauptmann a. D. Helmut Krauhs gefertigte Diorama im Haus der Natur, Salzburg. War das Wild allerdings außerhalb des Aktionsradius des Schaftes, so bediente man sich der Armbrust. Als topographischer Begriff bleibt solch eine Begebenheit im niederösterreichischen Reichenau der Nachwelt erhalten. Maximilian forderte den ihn begleitenden Jäger auf, er solle eine Gams mit seiner „Handpuxen" herabschießen. Der Schütze wagte diesen Schuß nicht, da ihm die Entfernung zu groß erschien. Daraufhin, so die Fama, schoß der treffliche Kaiser auf 100 Klafter, also 170 Meter, mit seiner Armbrust. Seitdem wird diese Wand „Königsschuß" genannt. Wiederum sah er seine Meinung bestätigt, daß dieses Feuerrohr zur Jagd doch nichts tauge.

Es lag in der Natur dieses Praktikers, daß er nicht nur die Armbrust vollkommen beherrschte, sondern sich durchaus auch Gedanken über deren zweckmäßige Adaptierung machte. So rät er, im Winter „hurnan" Bögen zu verwenden, die aus wechselnden Lagen von Horn und Holz gefertigt wurden und sich durch ihre zähe Elastizität auszeichneten. Der „stechlan"; der stählerne, der bei Frost zu brechen drohte, kam nur in der warmen Jahreszeit zum Einsatz.

Besondere Faszination übte die Steinwildjagd auf Maximilian aus. Es ist zwar weithin bekannt, daß er stets in finanziellen Schwierigkeiten

Kaiser Maximilian I. auf Gemsenjagd; auf diesem Holzschnitt aus dem „Theuerdank“ sind die Steigeisen deutlich sichtbar.

Jagdarmbrust Erzherzog Ferdinands von Steiermark, Elfenbein plattiert, mit reichen Jagddarstellungen verschnitten, als Waffe der Hochrenaisance.

„Wie man Gembsen und Steinböck sol fangen“. Holzschnitt von Jost Anmann, 1582.

war, für die Jagd aber trieb er immer die notwendigen Mittel auf. So sah sich Jörg Keutschacher, ein fürsterzbischöflich salzburgischer Untertan, in die glückliche Lage versetzt, aus des Kaisers Passion beträchtlichen Gewinn zu ziehen. Dieser Mann hatte das wohl „stein-

Hirschjagd zu Pferde, wie sie der Dürer-Trabant Virgils Solis auf einem Kupferstich darstellte.

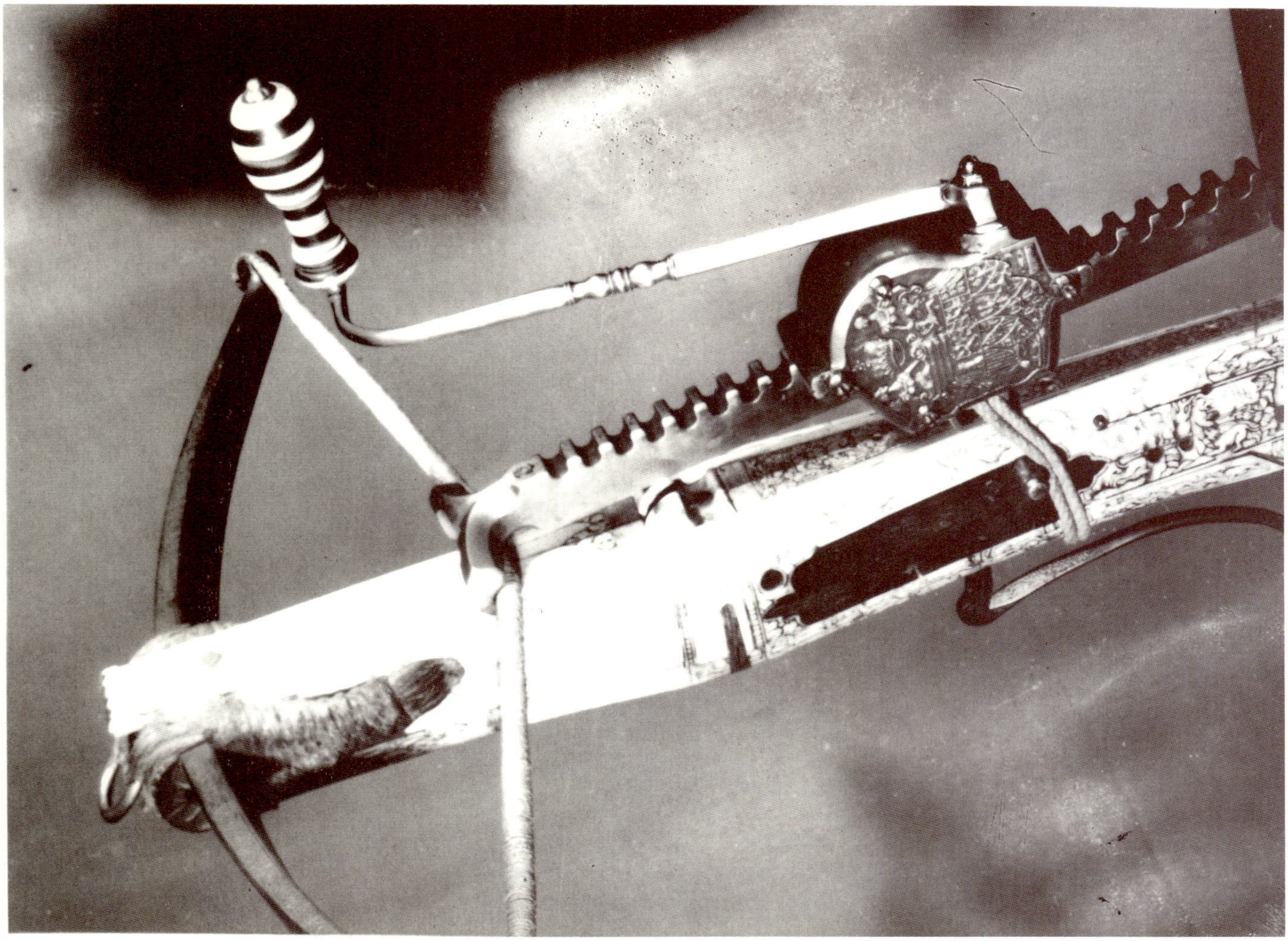

wildreichste“ Revier im damals salzburgischen Zillertal inne. Nach langen, zähen Verhandlungen übertrug er nun zu einem verhältnismäßig hohen Preis, wie uns überliefert wird, Maximilian die Pacht „auf Lebenszeit und drei Jahre darüber hinaus“. Auch die von ihm

geschätzte Beizjagd, deren Ausübung äußerst kostspielig war, leistete er sich. Aus der Tartarei ließ er sich die teuersten Sakerfalken kommen und so war er stets mit dem Beizvogel auf der Faust auf Reisen. Selbst während seiner Feldzüge gab er sich dem Reiz dieses jagdlich-ritterlichen Spiels hin, das auch seine beiden Gemahlinnen schätzten. Seine erste Frau, Maria von Burgund, war selbst während ihrer Schwangerschaft nicht davon abzubringen. Dabei stürzte sie vom Pferd, um neun Tage darauf vierundzwanzigjährig aus dem Leben zu scheiden. Ähnlich erging es seiner zweiten Frau, Bianca Maria Sforza.
Für die Falkenbeize war das Gebiet um Wien idealer Schauplatz, wenngleich Maximilian für die Stadt selbst wenig Zuneigung empfand. Da jegliche Jagdausübung einen ausreichenden Hundebestand erfordert, wurde deren Aufzucht und Pflege an Klöster übertragen.

Links oben: Gamsjagd, aus dem Jagdbuch
Kaiser Maximilians, deutlich im Bildhintergrund ersichtlich, „das Gamsstechen".

Oben: Federzeichnungen aus einem Zyklus Kriegs- und Jagdszenen Kaiser Maximilians I. Brüsseler Codex.
Falkenbeize auf Reiher.
Bärenjagd.
Hirschjagd.

Rechts:
Hirschjagd, Brüsseler Codex.

Nebenbei hatten auch die Jäger am Lande welche zu halten, um die Vertilgung des Raubwildes zu gewährleisten. Als Resultat dieser jahrhundertelangen Zucht gilt die rauhhaarige Tiroler Bracke, ein vorzüglicher Schweißhund und liebenswerter Waidgefährte. Diese Rasse wurde anno 1908 bei einer internationalen Hundeausstellung ausgezeichnet. „Des Heiligen Römischen Reiches Erzjägermeister“ nannte sich Maximilian selbst und erhob eine Leidenschaft in den Rang eines Titels.

„Un luogo bello che piace a Sua Maesta"
Laxenburg, die barocke Falknerei

Verkehrswege folgen, wenn man sie nicht durch ableitende Quereinschübe künstlich blockiert, einer zwingenden, unbeirrbaren geographischen Logik der direkten Verbindung zwischen zwei Punkten. Fernstraßen gehören, einmal gebahnt, zum Allerbeständigsten, was es in unserer Umwelt gibt. So ist auch jene Straße, die im Westen Wiens entlang der Schönbrunner Parkmauer beginnt und fast in einer einzigen Geraden südwärts führt, bis in den 13 Kilometer entfernten Ort Laxenburg, eine jahrhundertalte Route, bei der sich lediglich die Umgebung wandelte. Einst offenes Land mit Feldern, Gehöften und kleinen Dörfern, jetzt zunächst eine breite Zone von modernen Wohngebieten und Industriekonglomeraten – eben Peripherie der Großstadt – dann freie Strecke zwischen den Zeilen der Alleebäume. Doch keinen deutlich erkennbaren Veränderungen unterworfen, damals wie heute, die Ausblicke auf die Landschaft im Westen: die Bergzüge des südlichen Wienerwaldes, das Romantikerland um Mödling. Von den Hängen reichen die Weinrieden dieses Kulturbodens fast bis in die weite Ebene, in der Laxenburg liegt, Lachsendorf, wie die Ansiedelung ursprünglich hieß.
– Geht man zu den Ursprüngen zurück, dann muß man im Mittelalter beginnen, als die Habsburger zu einem nicht genau bekannten Zeit-

Vorhergehende Seite:
Schah Nasr-eddin von Persien, Kaiser Franz Josephs exotischster Jagdgast, 1873 bei der Wildentenjagd in Laxenburg.

Das „Alte Schloß“ um 1672.

1715/16 zeichnete der Mathematiker Jakob Marinoni einen exakten Plan des Gebietes.

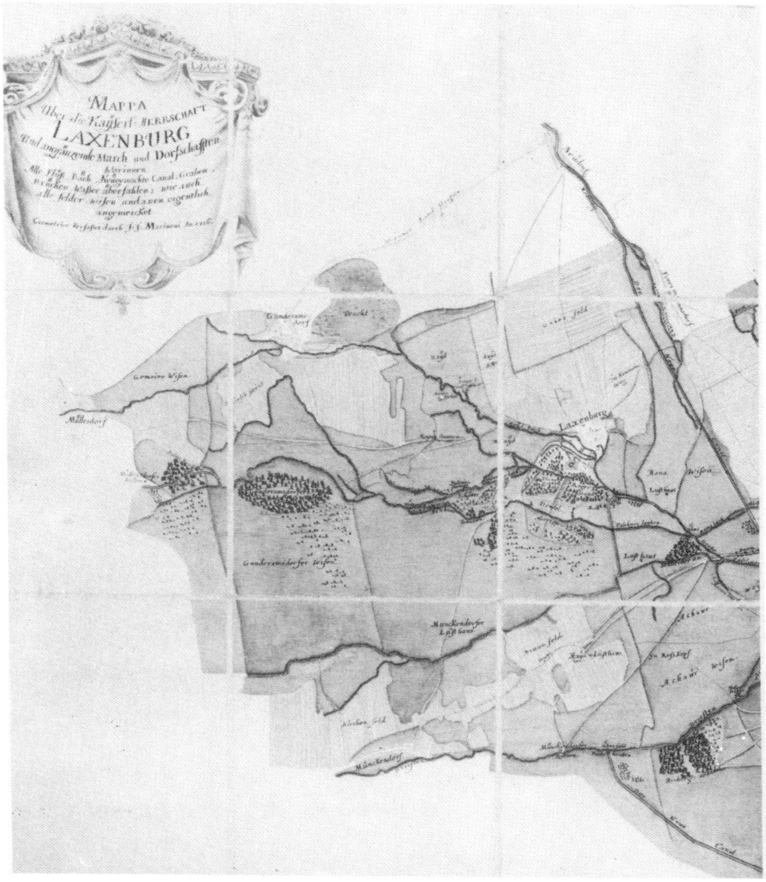

Plastische Gruppen des Speisesaaltrakts stellen die Beizjagd auf Füchse, Wildenten und Reiher dar.

punkt vom Stift Melk das dortige Gut samt einem „Haus“ übernahmen.
Der Historiker Josef Zykan gibt den triftigen Grund für diese Erwerbung an: das Moment der Sicherheit. Damals mußten die Landesfürsten strategisch denken, in den Kategorien des Festungswesens. Wien, das bedeutete für sie die Burg daselbst. Ein weiteres Zentrum war Wiener Neustadt, dazwischen aber war ein „Stützpunkt“ vonnöten, in den man sich, falls erforderlich, zurückziehen konnte.
Herzog Albrecht III. war es, der in der zweiten Hälfte des 14. Jahrhunderts das vordem stiftische Anwesen zu einem Herrensitz ausbauen ließ. Ihm wird nachgesagt, er sei nicht nur ein großer Nimrod gewesen, sondern auch ein Mann mit gewissen Zügen eines Romantikers, wie so mancher seiner Zeitgenossen im „Herbst des Mittelalters“. So soll er Bauteile aus der leerstehenden, unbenützten Burg auf dem Leopoldsberg hierher nach dem Süden übertragen haben, sogenannte Spolien. Womit er bereits ähnlich, wenn auch nicht so planmäßig und historisch gelehrt, verfuhr wie mehrere Epochen später Kaiser Franz I. bei der Errichtung der Franzensburg im Park.
Unter Albrechts Nachfolgern hatten zwei Persönlichkeiten für Laxenburg Bedeutung: Kaiser Friedrich III., der seinen Anspruch, wie auch andererorten, dadurch dokumentierte, daß er am Tor der Vorburg eine Tafel mit seiner Devise AEIOU anbringen ließ, und Maximilian I., nach Albrecht III. der zweite große Schätzer Laxenburgs, wenn er sich dort auch nicht sehr oft aufhielt. Doch er sorgte für die Anlage eines Zier- und eines Tiergartens, und mit seiner Ära begann in den Fluren des Flachlandes die Tradition der Falknerei, die in diesen Revieren bis tief ins 18. Jahrhundert ausgeübt werden sollte.
Gleichsam leitmotivisch ist übrigens im Ablauf der Ereignisse zu verfolgen, daß Laxenburg des öfteren direkt oder indirekt als Ambiente an bedeutsamen Entscheidungen von großer Tragweite Anteil hatte.

Kaiserliche Reiherbeize hochbarocken Stils in Laxenburg in authentischer Beschreibung durch den Obristerblandfalkenmeister Clemens Gundacker St. Julien, Graf von Wallsee.

Zur festgesetzten Morgenstunde erwartet der Oberst-Hof-Falkenmeister zu Pferde, den Falken auf der Faust, mit den berittenen Falkonieren, einer Zahl von Falkenjungen, die theils Gestelle mit Falken trugen, theils die Beitzhunde an der Leine führten, mit einem Chor von mit Jagdhörnern versehenen Falknern, alle in vorgeschriebener Jagdkleidung mit ihren Abzeichen, die Ankunft der Majestäten, die denn pünktlich zur bestimmten Zeit auf dem gewählten Jagdplatze anlangen.
Nach ausgesprochenem Wunsche, einen Reiher zu beitzen, beginnt sofort dies wechselvolle, höchst anregende Weidwerk und bietet ein prachtvolles Schaustück.
Die Falkoniere setzen sich in Bewegung und machen Halt an einer Stelle, wo der Spiegel des Weihers sich unter Schilfrohr und Binsen verbirgt. Die Beitzhunde werden losgekoppelt, ein Zeichen, und sie stürzen ins Moor. Ihr Gebell durchhallt die Stille, lustig wedelnd und eifrig schnuppernd durchstöbern sie den Sumpf.
Die Blicke aller schweben über den See, um auf die aufgescheuchte Beute zu lauern.
Jetzt rauscht es im Schilf, ein prächtiger Reiher erhebt sich anfangs schwer und etwas unbeholfen, sodaß man fast Muße gewinnt, sein graues Gefieder zu bewundern, dann aber entfaltet er völlig seine starken Schwingen und hebt sich mit kräftigem Schwunge hoch in die Luft.
Kaum schwebt der Reiher in der Höhe, so halten sich die Falkoniere bereit, muntern die Vögel durch Worte auf und erwarten den Wink des Kaisers. Er erfolgt. Der Oberst-Falkenmeister zieht seinem Falken die Kappe ab und macht ihn los.
Einen Moment lang ist der Vogel von dem Glanze der Sonne wie geblendet. Der Falkonier wendet ihn nach jener Richtung, wo der Reiher schwebt, und zeigt mit dem Finger nach dem flüchtigen Gegner. Jetzt schüttelt der Falke die Flügel, stößt einen Schrei aus und fährt wie der Blitz in die Luft.
Der Reiher erblickt den Todfeind und versucht, sich höher zu heben, aber es scheint, als lähme der Schreck seinen Flug; er bleibt zurück, und schon schwebt

der Falke über ihm wie das Unheil. Er sucht nach rückwärts zu entkommen, aber schon hat das Auge des Falken dies auch erspäht, er stürzt hinab und zwingt den Reiher, die Richtung zu ändern. Dieser Wettkampf im Fliegen, wobei der Flügelschlag des Jagenden den Gejagten jetzt begleitet, dieses Necken und Spielen in den Lüften ermüdet den Reiher, er zeigt sich gereizt, er fühlt, der Kampf müsse aufgenommen werden, bevor seine Kraft ihm entwichen, er entschließt sich daher zum Widerstand und weist dem Feinde kühn den langen Schnabel, der jenem wie ein scharfes Schwert entgegendroht.
Darüber scheint der Falke ergrimmt, er umkreist seine Beute und stößt hart an ihm vorüber bis zur Erde hinab, dann aber schwingt er sich auf mit der ihm eigenen Schnelle, und bevor das Menschenauge es noch gewahrt, hat er sich in die Seite des Gegners eingekrallt.
Nun beginnt der Kampf Leib an Leib, Kraft wider Kraft, Wuth gegen Wuth. Der Reiher stößt dann dem Feinde sein Schnabelschwert zwischen den Flügeln

Reiherbeize auf der Hanawiese bei Laxenburg, anno 1758. Im Vordergrund rechts eines der „Lusthäuser“.

Die Falknerei auf Johann Bergls Deckenfresko im Laxenburger Grünne-Haus.

Als es Maximilian, diesem Meister habsburgischer Machtmehrung, auf friedlichem Weg im Juli 1515 gelungen war, in Verhandlung mit König Wladislaw von Ungarn und Böhmen und König Sigismund von Polen den Pakt für die Eheschließung seiner eigenen Enkel Ferdinand und Maria mit Wladislaws Kindern Anna und Ludwig anzubahnen, hatte er damit eine zukunftweisende Großtat der Heiratspolitik gesetzt. Diese wechselweise Verschwägerung band letztlich Böhmen und Ungarn an Österreich und legte das Fundament für die Entwicklung der Habsburgmonarchie.

Mit den Zusagen seiner Gesprächspartner unter Dach und Fach reiste er stante pede nach Laxenburg und, wie die Überlieferung berichtet, im Hochgefühl der so glücklich bewältigten diplomatischen Initiative soll er vor dem Beginn der Jagd ausgerufen haben: „Dies ist ein Tag, von dem Herrn gesendet, darum laßt uns freudig und fröhlich sein!"

Im weiteren war freilich nicht immer Anlaß zur Fröhlichkeit. Das Pflegern anvertraute Schloß verfiel und verkam allmählich, allenthalben nahm die Unordnung überhand. Auf den lokalen Falkenmeister schien man ganz vergessen zu haben. Sein Sold blieb aus, und er hatte größte Mühe, die Atzung für die kostbaren dänischen Beizvögel zu beschaffen. Bessere Zeiten schienen zu kommen, als Kaiser Matthias die Weisung erteilte, daß „der auf Ihro Majestaet Herrschaft Laxenburg abkhommene Raigerstand (Bestand an Reihern) zu Dero landesfürtlicher Lust wieder erhebet werde". Der Herrscher, in unserem Geschichtsbild eine problematische Gestalt, starb bereits anno 1619, zu Beginn des Dreißigjährigen Krieges, doch sein Nachfolger, der erzfromme Ferdinand II., tat manches, um in dem verödeten, so lange sich selbst überlassenen Besitz erneut annehmbare Verhältnisse zu schaffen.

Überspringen wir ein „Interregnum" jener Dekaden, in denen Laxenburg, ähnlich wie Schönbrunn, von hohen Damen bewohnt wurde, als

und dem Hals ins Fleisch, der Falke krächzt und bohrt seinen krummen Schnabel in des anderen Seite. Der Reiher schüttelt sich, aber der Falke hat sich festgekrallt und läßt sich vom Gegner tragen. Er scheint zu wissen, daß die doppelte Last den anderen umso schneller ermüden werde.

Währenddessen sticht der Reiher unermüdlich auf ihn los, und man sieht, daß sich die Federn beider blutig färben.

Der Sieg schwankt, der Kampf ist noch unentschieden, ja er scheint sich sogar auf die Seite des Reihers zu neigen, denn die Schläge des Falken werden matter.

Schon ist man gewillt, einen zweiten Falken dem ersten zur Unterstützung zuzusenden, doch durch ermunternde Zurufe wendet der Falke seine höchste Kraftanstrengung an.

Das „Alte Schloß“ zu Beginn des 19. Jahrhunderts.

Aktaeons Jagd, Ausschnitt aus dem Deckenfresko von Vinzenz Fischer im Dianatempel.

Beide Vögel drehen sich. Der Reiher versucht dem Falken durch Wendungen zu entkommen und vermag es nicht; mit dem quellenden Blut vermindert sich seine Kraft, nur kurze Zeit noch, und der Reiher zieht erschöpft seine Schwingen ein und läßt sich zur Erde fallen. Unter Fanfaren der Hörner wird der Reiher vom Falken getrennt und wie die alte Sitte es erheischt, eilt der Oberst-Falkenmeister vor, zieht aus dem Halse des Reihers die feinen zierlichen Federn und überreicht sie dem Kaiser, der sie mit ritterlicher Artigkeit der schönen Kaiserin als Huldigung darbringt.
Die Hörner wiederholen die Siegesrufe, und das schöne Schauspiel ist somit beendet.

Witwengut der Kaiserinnen Eleonore und Maria Eleonora – welche Häufung dieses schönen Namens damals in der habsburgischen Genealogie! –, denn nun erscheint Leopold I., und mit ihm, dem ersten imperialen Schutzherrn des österreichischen Barock, begann auch in diesem Revier eine neue Blütezeit. Was er da draußen vorfand, bot allerdings einen traurigen Anblick: Die Türken hatten arge Verwüstungen angerichtet. Ohne das alte Gemäuer des Schlosses zu verändern, ließ er die Schäden beheben, sodaß der Bau für regelmäßige Aufenthalte des Hofes im Frühjahr zur Reiherbeize taugte. Außerdem hatte er schon früher die Ausübung des Weidwerkes um ein Exoticum bereichert: die Jagd mit „Panthern“ nach orientalischem Vorbild. (Siehe Kasten)
Doch zum Wahl-Laxenburger par excellence wurde sein Sohn Karl VI. Er intensivierte die Reiherzucht, wozu diese Landschaft, wie ein Zeitgenosse schrieb, „wegen der schönen Plaine, verschiedener Teiche und Lacken ungemein wohl gelegen ist. Man besitzt allhier aber nicht nur Reiger (Reiher), sondern auch Hasen, wilde Enten, Mandelkrähen, Raben, Geyer und dergleichen“. Die Beizjagd erfolgte nach genau festgelegten Regeln mit den Zügen eines Zeremoniells. Sie dauerte von sechs Uhr morgens bis zehn Uhr vormittags oder von drei Uhr bis sechs Uhr nachmittags. Als Rastplätze und Beobachtungsstände dienten im Terrain verstreute hölzerne Lusthäuser oder „Schirme“. Eine anno 1715 von dem Mathematicus Jacob Marinoni verfertigte Landkarte gibt Aufschluß über ihre Lage im Umkreis der eigentlichen Residenz. Sie befanden sich auf den Gebieten von Biedermannsdorf, Münchendorf und Achau.
Dort fühlte sich Karl VI. als erster Jäger und Falkner seines Kreises frei von der Etikette des Wiener Hofes. Die Majestäten brauchten sich puncto Kleidung keinen solchen Zwang anzutun wie in der Haupt- und Residenzstadt. Die strengen Toilettenregeln wichen einer angenehmen Lockerung – natürlich relativ gesehen, uns will es scheinen, daß der Herrscher in Allongeperücke und dem kostbaren, bestickten

grünen Rock noch immer sehr viel Staat machte. Und wieder trat in Laxenburg der Ernst der hohen Politik in seine Rechte. Zwischen Divertissements und Reiherbeizen leistete der Kaiser im Namen der Casa de Austria formell Verzicht auf Spanien und entwarf jenes Dokument, durch das er seine bohrende Hauptsorge zu beseitigen trachtete: die Absicherung der weiblichen Erbfolge gegen Gefahren von außen: der Schritt eines Mannes und Vaters, dem keine Söhne beschieden waren. Dieses Schriftstück, als die historische „Pragmatische Sanktion" berühmt, sollte die Gewähr bieten, daß die europäischen Mächte nach dem Aussterben des habsburgischen Mannesstammes die Anrechte seiner Tochter Maria Theresia respektieren würden. Betrachtet man das Vertragsinstrument als ein Zeugnis des trügerischen Vertrauens in die Redlichkeit der Species Homo sapiens im allgemeinen und der politischen Entscheidungsträger im besonderen, dann erscheint plausibel, von wem Josef II. jenen Wesenszug erbte, der ihn zu einem „Schätzer der Menschheit" werden ließ …
Etwas sonderbar mutet es an, daß ein Souverän und prunkliebender, mit Schönheitssin begabter Augenmensch wie Karl VI. sich mit der recht bescheidenen Laxenburger Residenz begnügte. Das alte Schloß war so gar nicht repräsentativ, ganz zu schweigen von Bequemlichkeit. Als antiquierter Kasten stand es in der Wiese da, ein gleichsam mit seinen Mauern geharnischter Bau, allenfalls ein Quartier für Obristen aus

Bär, von Hunden gehetzt, Porzellangruppe der Nymphenburger Manufaktur, um 1763, Österr. Museum f. Angew. Kunst.

Der Erbland-Jägermeister im Huldigungszug für Maria Theresia, 1740. Figurine von Helmut Krauhs.

Wallensteins Heer, aber kein passendes Milieu für Figuren der eleganten Barockwelt. Immerhin richteten damals die großen Klöster im Bereich der neuen, „Carolinischen" Überlandstraßen nach Norden und Westen für sehr seltene Nächtigungen des Herrschers auf seinen Reisen ganze Suiten erlesen ausgestatteter „Kaiserzimmer" ein, in denen sonst niemand Wohnung nehmen durfte. Indessen hauste derselbe Kaiser in Laxenburg wochenlang in Räumen, die sogar keineswegs mit Luxus verwöhnte Zeitgenossen als eng, niedrig und schlecht tadelten.

Sei's drum, trotz solcher Mängel galt Laxenburg nach den Worten des Hofdichters Pietro Metastasio als „un luogo bello, che piace à Sua Maestà", ein schöner Ort, der Seiner Majestät wohlgefällt. Ein Lob, das der vornehme Poet zweifellos nicht bloß aus diplomatischer Courtoisie und chevaleresker Lebensart äußerte.

Wahrscheinlich empfand Karl VI., was Goethe seinen Faust auf dem

Laxenburgs theresianische Schloßanlage: der „Blaue Hof".

Osterspaziergang sagen läßt. „Hier bin ich Mensch, hier darf ich's sein."
Allzulange war ihm dies freilich nicht vergönnt. Im Herbst 1740 starb er, erst fünfundfünfzigjährig, und seine hart bedrängte Erbin Maria Theresia fand kaum Muße, sich um Laxenburg zu kümmern. Als sie ihre Aufmerksamkeit dem Landsitz zuwandte, geschah es zunächst eher, um ihrem Gemahl Freude zu bereiten. Franz I., der Lothringer, war wie weiland sein Schwiegervater ein Weidmann von Graden und aus Passion, alles in allem aber lebhafter, bravouröser. Sein Jagdeifer galt, nebenbei gesagt, nicht bloß dem Wild, sondern auch mancher Diana. Während jener Jahre stand als Bauvorhaben die Ausgestaltung des Schlosses und Parks von Schönbrunn zur kaiserlichen Sommerresidenz im Vordergrund. Laxenburg hingegen behielt seine Eigenart als „Buen Retiro" – mit den bewußten Einschränkungen –, eher auf die Ausübung der Beizjagd und aufs Idyllische, Bukolische abgestimmt, der Natur ringsum näher als dem Stuckornament und der Formensprache des Zeremoniells.
Doch schließlich wurde der Hofarchitekt Nikolaus Pacassi mit entsprechenden Arbeiten beauftragt. Nicht nach einem Gesamtkonzept, sondern im Verfahren des Stückwerks. Als erstes erbaute er 1753 als freistehenden Trakt ein Theater, dann einen Speisesaal-Pavillon, denn solch ein Raum fehlte im alten Schloß. Dort war ja nicht einmal Platz für die vielköpfige kaiserliche Familie! Zog der Hof nach Laxenburg, dann mußten immer einige der Kinder in Schönbrunn oder in Schloß Hetzendorf bleiben. Nur „turnusweise" kamen die Erzherzöge und Erzherzoginnen zu den Eltern aufs Land.
Das Schloß selbst war aus einer Mittelalterlichkeit heraus einfach nicht

Der Erbland-Falkenmeister, in Laxenburg bewohnte er ein umgebautes Bauerngehöft. Figurine von Helmut Krauhs.

Theresianische Ars Venandi, von einem Maler des 19. Jahrhunderts nachempfunden.

Terrine aus dem „Jagdservice“ der Wiener Porzellanmanufaktur, um 1730, Österr. Museum f. Angew. Kunst.

in einen feudalen Landsitz nach damaligen modernen Begriffen umzuwandeln. Aber ganz in der Nähe stand der „Blaue Hof“, auch er ein Gemäuer aus Urvätertagen, kaum anders als ein Anwesen. Die Farbe Blau spielte dabei gar keine Rolle. Zu diesem Namen war das Haus durch wunderliche Sprach- und Lautverschiebungen gekommen:

Im 17. Jahrhundert hatte es einem Herrn von Ploenstein gehört, und aus dem „Ploen“ – vielleicht „Plo-en“ ausgesprochen – machte der Volksmund der Gegend den „Blauen“. Der „Stein“ fiel dabei halt ins Wasser.

Nun war dieser „Blaue Hof“ im Besitz eines der getreuesten Theresianer, des Feldmarschalls Leopold Graf Daun, denn die Hofhaltung in Laxenburg hatte bedingt, daß sich auch hochadelige Würdenträger dort ankauften oder Häuser bauten. Der Erbland-Falkenmeister Joseph Graf St. Julien z. B., der hier eine sehr wichtige Rolle spielte,

bewohnte während der Séjours ein ehemaliges großes Gehöft. Mit dem Feldmarschall tätigte die Kaiserin einen für ihn recht vorteilhaften Eigentumswechsel. Durch Zukauf von Grundstücken erweiterte sie das Areal. Sie verfuhr also nicht anders als jede kluge, lebenstüchtige Frau, die „sich", nämlich das Ihrige, vergrößern will. Den trefflichen Pacassi betraute sie mit den Planungen für den Aus- und Umbau des Blauen Hofes in ein Residenzschloß, wobei er den Hauptkomplex mit dem bisher schon Errichteten und den erforderlichen Nebengebäuden harmonisch verband.
Kaiser Franz I. erlebte die Fertigstellung nicht mehr. Vielleicht war er früh gealtert, denn ein wacher Beobachter wie der emsige Tagebuchschreiber Karl Graf Zinzendorf, der ihn hoch zu Roß bei der Beizjagd sah, nannte den erst Dreiundfünfzigjährigen einen „Greis von ... etwas verdrießlichem Aussehen, aber von fröhlicher Laune". Mit seinem plötzlichen Tod in Innsbruck am 18. August 1765, im Alter von siebenundfünfzig Jahren, ging in Laxenburg die Ära des habsburgischen Weidwerks hochbarocken Gepräges zu Ende.
Joseph II. war zwar, gleich seinem Vater und seinem Großvater, ein großer Freund dieser Residenz, die ihm landschaftsgärtnerisch sehr vieles zu verdanken hat, aber bei der Jagd beschränkte er sich auf das „Pflichtteil" dessen, was man auf diesem Gebiet von einem Souverän erwartete. Zudem waren die Zeiten der Reiherbeize als Form der Ausübung in den Tagen Rousseaus und der beginnenden Aufklärung bereits vorbei. Ihr großer Aufwand ohne praktischen Nutzen, ihr sozusagen rein „ornamentaler" Charakter, hätte seinem nüchternen Denken sogar widersprochen, wäre ihm völlig wesensfremd geblieben. Wenn der „junge Herr" in den Ort kam, dann mit Vorliebe an der

Gestickte Jagdtasche des Erblandfalkenmeisters von Oberösterreich, Chrisoph Wilhelm Graf Thürheim, um 1730, Kunsthist. Museum.

Kaiserliche Reiherbeize in Laxenburg, Ölgemälde von Johann Christian Brand, 1758, Österr. Barockmuseum.

Abbildungen zum Thema Falknerei in einer französischen Enzyklopädie des 18. Jahrhunderts.

Spitze einer Kavalkade von Generälen, da er in der Umgebung des öfteren Manöver abhielt. Bezeichnend übrigens, wie der Graf Zinzendorf den späteren Volkskaiser beurteilte, den er 1761, noch als ältesten Erzherzog, in Laxenburg genau betrachtete: „Er schaut sehr hochmütig aus. Es scheint nicht, daß er eines Tages so menschlich sein wird wie seine erhabenen Eltern."

Unter seinem Neffen Franz II. (nach Errichtung des Kaisertums Österreich Franz I.) begann die bis heute „publikumswirksamste" Phase Laxenburgs, das der Monarch in ein Elysium der frühen Romantik verwandelte. Mit der Franzensburg als Mittelpunkt des „Rittergaues" im weitläufigen Park. Anno 1814, während des Wiener Kongresses,

wurden dort für einen Tag die alten Zeiten wieder lebendig. Der damals im Umkreis der politischen Bühne, wo Metternich Regie führte, schier allgegenwärtige Graf Auguste de la Garde, ein vornehmer Privatmann – oder zumindest ein Virtuose in der Kunst, den schönen Schein zu wahren –, notierte darüber in seinen chronistischen Aufzeichnungen: „Als das Festkomitee in der ständigen Verlegenheit, stets etwas Neues bringen zu müssen, den Plan faßte, die erhabenen Gäste des Kongresses in Laxenburg zu vereinigen, kamen sie natürlich auf den Gedanken an eine Falkenjagd. Nichts konnte besser zur Umgebung des (neu)gotischen Schlosses passen und mit dem Stile, in welchem es gebaut war, harmonieren als ein Vergnügen, das so ganz und gar an die Sitten der Feudalzeit erinnerte."
Deshalb erschienen einige der hohen Damen in „altdeutscher Tracht", zu Pferd empfing Kaiser Franz seine ebenfalls berittenen Gäste Zar Alexander I., König Friedrich Wilhelm III. von Preußen und andere Souveräne samt deren Entourage an Höflingen und Diplomaten. „Mitten unter ihnen saß in einer niedrigen Kalesche der umfangreiche König von Württemberg, der einst wegen seiner herrlichen Jagden berühmt und begierig war, dem ruhigen Vergnügen beizuwohnen, das nicht die Strapazen und Gefahren darbot, an welche er gewöhnt war." Die Reiherbeize verlief nach den traditionellen Regeln, zugleich war sie aber ein historisches Schauspiel. Das bereits Anachronistische solcher Jagdausübung blieb allen Teilnehmern bewußt. Den abendlichen Beschluß bildete eine Überraschung, wie sie ein viel später Geborener, der große Theatermagier Max Reinhardt, für seine Leopoldskroner Feste im Stil des „Sommernachtstraums" erdacht haben könnte: „Plötzlich wurde wie durch Zauber der Rasenplatz und die Alleen des Parkes durch Feuerbecken erleuchtet, die ihren Schein weit um sich warfen. In demselben Augenblick sah man alle Fenster der Ritterburg erleuchtet, zum Empfang der erhabenen Gäste, die sich dort vereinigen sollten. Gewiß, als Kaiser Franz das Schloß so aufbauen ließ, daß es genau an die feudalistischen Ideen erinnerte, wer hätte damals voraussehen können, daß einst eine solche lange Reihe berühmter Namen, von Kaisern bis hinunter zu einfachen Edelleuten, an einem einzigen Tage sich versammeln sollten? Diese bewegte Menge und der verschwenderische Glanz der Lichter bildeten den sonderbarsten, wunderlichsten Kontrast mit den düsteren Hallen, den Waffentrophäen, den Kleidungsstücken und den Verzierungen im mittelalterlichen Stile."

Reiherbeize in Laxenburg, 1761

Nachdem ich allein zu Mittag gegessen hatte, fuhr ich in einer Birutsche, die ich selbst kutschierte, nach Laxenburg. Das Schloß ist der schlechteste kleine Edelhof, den man sich vorstellen kann, aber bei einer Ortschaft mitten in einer sehr lieblichen Landschaft gelegen. Viele Minister haben ihre eigenen Häuser, von denen das der Sinzendorf das schönste ist.
Ich stieg bei einem hübschen Haus ab, das mitten in einer weiten Ebene liegt, und beobachtete hier die Reiherbeize. In allen Himmelsrichtungen sieht man in der Entfernung Reiter, die mit Falken in der Faust die Reiher verfolgen. Wenn sie nahe sind, werden die Falken losgelassen. Man ruft ‚à la beau', wenn man den Reiher erblickt. Oft aber durchbohrt dieser den Falken mit seinem langen und spitzen Schnabel. Diesmal aber fingen sie einen und eine Krähe, die man wieder fliegen ließ. Man tötet jetzt alle Falken, außer denen aus Island, weil ihr Unterhalt sehr teuer zu stehen kommt, da man ihnen täglich zwei Tauben geben muß. Der König von Dänemark schickt jährlich isländische Falken an alle großen Herren. Bei Antwerpen befindet sich in einem Dorf eine Falken-Akademie, wo man die Livreen aller großen Herren sehen kann, die dort Falken abrichten lassen. Der verstorbene Markgraf von Ansbach hat sein Land durch seine Leidenschaft für die Falkenjagd ruiniert.
Was mir am meisten Aufmerksamkeit zu verdienen schien, war die Menschlichkeit und Familiarität des Kaisers gegenüber seinem Hofstaat. Er spricht zu ihnen wie zu seinesgleichen. Nach der Jagd besuchte man die Komödie. Das Theater ist noch kleiner als das von Schönbrunn, aber ganz reizend. Die kaiserliche Familie sitzt hier vor dem Orchester und kann infolgedessen besser hören als im Theater bei der Hofburg oder in Schönbrunn. Man gab die „Moeurs du Temps" und dann ein neues Ballett. „Le Retour du Printemps". Beim Verlassen des Theaters mußten wir eine Stunde lang auf unseren Wagen

warten. Ich reichte der Fürstin Kinsky die Hand. Die große Zahl der Fackeln bot einen hübschen Anblick, ähnlich den Laternen in Schönbrunn.

Aus dem Tagebuch des Grafen Karl von Zinzendorf unter dem Datum des 3. Mai 1761

Eine Gemsenjagd am Reiting 1728.

Marie Murland in „Waidmannsheil", 1901

Karl VI. war mit stattlichem Gefolge nach Graz gekommen, um sich als Herzog von Steiermark von den Ständen huldigen zu lassen, wie es vor ihm seine Ahnen seit Rudolf von Habsburg getan hatten. Diese feierlichen Akte wurden stets mit außerordentlicher Pracht begangen. Diesmal sollten sie ihren Abschluß finden in einer Gemsenjagd, ein den Majestäten bis dahin unbekanntes Vergnügen, welches Graf Weikardt von Breuner, damals Landeshauptmann, ihnen zu Ehren veranstaltete.

Kaiser Karl VI. als Allerhöchster Waidmann seines Reiches. Porträt im Schloß Schönbrunn.

Der Verwalter von Schloß Ehrenau, der vielgetreue Georg Christoph von Peball, mußte Sorge tragen für die würdige Ausstattung der Gemächer zum Empfange der höchsten Herrschaften und die umständlichen Vorbereitungen zur Jagd. Er bereiste seines Grafen edle Burgen Kaisersberg, Weinburg und Waldschach und wählte in den Rüstkammern die besten Flinten, um sie nach Ehrenau schaffen zu lassen. Für die Kaiserin und Hofdamen mußten Jagd- und Tragsessel bereitgehalten werden. Als Treiber hatten sich die Männer des Kammertales gemeldet. Sie mußten die längst überwachten Gemsherden in ein enges, klippiges Tal des Reiting scheuchen und die Wege dahin mit Verhauen verlegen.
Wenige Tage nach der Huldigung, die am 6. Juli stattgefunden hatte, brach der Kaiser auf, um über Kärnten und Obersteiermark nach Wien zurückzukehren. Es war eine herzerquickende Fahrt, immer die schäumende Mur oder einen anderen Wildfluß zur Seite und die stolzen Berge in düster-grünen Mänteln ihrer Tannenwälder, deren Saum in die Wiesen der Talsohle verlief, sich kulissenartig ineinander schiebend. Endlich war Ehrenau erreicht. Die hohen Gäste begaben sich frühzeitig zur Ruhe. Kaum rötete sich der Himmel, als sich der Jagdzug in Bewegung setze, am altertümlichen Markte Mautern vorbei, der gewaltigen Felsenmasse des Reiting zu. Schon blieben Wiesen und Haferfelder zurück, nach einer Weile auch der Tannenwald, die Kniekiefer schob ihr von Stürmen zerzaustes Haupt zwischen bleichem Steingeröll hindurch. Vor zwei Felskuppen, die noch ihre dicken Schneemützen trugen, wurde Halt gemacht. Tief unten in der Schlucht, welche den Urfelsen spaltete, schoß tosend der Wildbach dahin. Die Treiber hatten sich vor den Eingang zur Klamm gelagert und hielten Wache. Es dauerte nicht lange, so kletterte an der gegenüberliegenden Felswand ein Bursche lustig von Kante zu Kante bis an den Rand der Felskuppe und schaute vorsichtig ins jenseitige Tal hinab, richtete sich dann auf, gleichzeitig den Hut mit der Adlerfeder schwenkend, um der harrenden Gesellschaft zu verkünden, daß die Gemsen in Sicht wären.

Nun beginnen die Treiber die Tiere einzukreisen, während die Schützen auf ihren Anstand geführt werden. Für die hohen Herrschaften sind prachtvolle Jagdzelte an passenden Stellen aufgeschlagen worden. Jeder Hofdame ist ein Ehrenritter beigeben, der ihr die nötige Anleitung erteilt. Den Ehrendienst im Jagdgzelte der Kaiserin, die mit großer Vorliebe dem edlen Waidwerk obliegt, versehen der greise Festgeber Graf Weickart von Breuner mit seinen Söhnen Karl Adam, Ferdinand, Franz, Anton und Leopold. Um das Ausbrechen des Wildes zu verhindern, waren Gehege, Verhaue und Zäune angebracht. Wo es den Gemsen möglich gewesen wäre, die Schützenstände zu umgehen, hatte man Leinwandbahnen und bunte Tücher ausgespannt.
Die Schützen befinden sich alle an ihrem Bestimmungsorte. Tiefe, erwartungsvolle Stille. – Dann steigt wie eine Rakete ein gellender Pfiff aus der Schlucht. Es ist das Zeichen, daß die Jagd beginnt. Schon ertönt von allen Seiten das Geschrei der Treiber, Lärmschüsse wecken hundertfaches Echo, Steine poltern nieder in die Schlucht. Einen Augenblick halten die Gemsen inne, stutzen und stürmen dann in eiligen Sätzen den steilen Felsen hinan. Aus rauhen Kehlen gellt es: „Hussah! Hallo! Hoho!“ Immer toller wird das Gejohle, die Treiber kom-

Jagdtasche, 1725 mit den Initialen Karls VI., der Doppeladler trägt – ganz ungewöhnlich! – statt des Brustschilds das Porträtmedaillon des Kaisers.

Zwei Falkenhäubchen aus der Mitte des 16. bzw. aus dem frühen 17. Jhdt., Kunsthist. Museum.

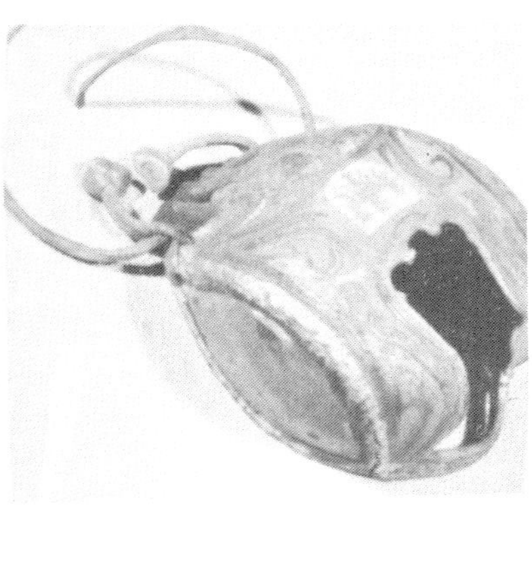

men näher, schließen einen Kreis um die gehetzten Flüchtlinge. Noch steht ihnen ein Weg offen, aber dort lauern die Schützen. Jetzt trennen sie nur mehr wenige Schritte vom Bergrücken. Aus den Jagdzelten fällt ein Schuß, und allsogleich schickt der Bursche am Luginsland einen Juchschrei in die Luft, daß es weit in den Bergen widerhallt: Der Kaiser hat die erste Gemse erlegt!

Als zum Halali geblasen wird, hat der Kaiser sechunddreißig Gemsen erlegt, die Kaiserin vierundzwanzig und der junge Prinz Franz Stephan von Lothringen, später Gemahl Maria Theresiens, fünfzehn. Hoch befriedigt vom Ergebnisse der Jagd wurde der Abstieg angetreten. Indes meldete sich bei der Gesellschaft das Bedürfnis, irgendeine Erfrischung zu genießen, aber nun stellte es sich heraus, daß es der Jagdleiter unbegreiflicherweise versäumt hatte, für ein Frühstück Sorge zu tragen. Der Kaiser blieb daher bei der ersten Almhütte, an der sie vorbeikamen, stehen und meinte, er sei rechtschaffen hungrig und durstig geworden, man könne ja nach echtem Jägerbrauche bei der Sennerin

Laxenburger Veduten: das Forsthaus, 1877, und einer der schönsten Parkbauten: der Dianatempel, auch das „Grüne Lusthaus" genannt.

einkehren. So geschah es, und die frischen Dirndln rannten, glücklich ob der großen Ehre, nach der Kammer, wo die würzige Milch der schönen fleckigen Kühe in irdenen Tiegeln fingerdicke Rahmschichten an der Oberfläche absetzte, Käselaiber und Butterstritzel zu Säulen aufgetürmt waren. Der Chronist erwähnt ferner, daß die hübschen Sennerinnen auch saubere gewesen sind und die gestrengen Augen der Kaiserin und feinen Nasen der Hofdamen nichts auszusetzen fanden am hölzernen Geschirr und an den irdenen Schüsseln. Auch das Schwarzbrot schmeckte ihnen vortrefflich, und als in aller Eile auserlesene kalte Küche und feiner Wein herbeigeschafft waren, erklärten sämtliche hohe Herrschaften, sie wollten gar nichts anderes genießen als Alpenkost. Da half kein Bitten des Grafen Breuner. Man tafelte noch immer auf grünem Rasen vor der Hütte, als die Jägerburschen mit den Treibern vom Gebirge herabritten, jeder einen Gemsbock am Rücken, die Kugelbüchse quer über die Achsel gehängt, den Bergstock geschmückt mit Alpenrosen, am Hut Gemsbart, Geier- und Schildhahnfeder. Allen voran schritten zwei stattliche Burschen, die auf ihren Schwegelpfeifen heimische Lieder bliesen, welche die anderen mit ihren Jodlern begleiteten. Vor dem Herrscherhaus angekommen legte jeder seine Gemse nieder.

Die Sonne stand schon tief, als man sich endlich entschloß, den Heimweg fortzusetzen. Vor den Toren des Schlosses hatten sich Bauern, Hirten und Holzknechte aus dem Kammertale und den umliegenden Bergen versammelt, die das Kaiserpaar und die Erzherzogin sehen wollten und ihnen entgegenjubelten. In den Prunksälen wartete der Jagdgesellschaft ein treffliches Nachtmahl, während die Landleute unter der herrlichen Linde vor dem Schlosse bewirtet wurden.

Die hohen Gäste verließen Schloß Ehrenau schon am folgenden Tage, um sich nach Kärnten zu begeben. Der Hof hatte an diesem, von herrrlichstem Wetter begünstigten Jagdfeste großen Geschmack gefunden, und Graf Breuner erntete Dank und Lob. Die kleine Erzherzogin bewahrte den Tagen von Ehrenau und ihrer ersten Gemsenjagd ein so freundliches Andenken, daß auf ihren Wunsch die Gemsenjagden wiederholt werden mußten. Im Juli 1748 und 1765 gönnte sich die geliebte Monarchin abermals diese Erholung auf den Höhen des Reiting zur Freude der getreuen Älpler.

Für den Gemsbestand des Grafen Breuner waren diese Jagden leider sehr verhängnisvoll infolge der scharfen Hetze und öfteren Beunruhigung. Eine Seuche, wahrscheinlich durch Saumtiere und Hunde des Gefolges ins Revier eingeschleppt, rottete die edlen Tiere beinahe gänzlich aus.

Pulverflasche von Johann Caspar Schenkh in Wien, 1665, Kunsthist. Museum.

Thernberg

Erzherzog Johanns vergessene Herrschaft

Er war gerade 23 Jahre alt, der toskanische Habsburgersproß, den die Florentiner Handwerkerskinder Giovanni riefen, als seine schwärmerischen Ambitionen für Tirol ins Unerreichbare rückten. Sein geliebtes Alpenland, in dem er sich dereinst häuslich niederlassen wollte, war ihm entglitten. Durch die verlorene Schlacht bei Austerlitz fielen Tirol und Trient unter bayrische Herrschaft. Von der großen Politik enttäuscht, ständig vom Mißtrauen des Hofes begleitete, faßte er den Entschluß, sich dieser Sphäre steifen Unbehagens zu entziehen, zumal ihm ja Fähigkeiten zu eigen waren, deren Ausführung eines anderen Bodens bedurfte als des intarsierten Parketts. Er suchte nach einer Stätte, wo er seinen Studien nachgehen konnte, und vor allem seine umfangreichen Sammlungen naturwissenschaftlicher Art ausreichend Platz fänden.
In der Herrschaft Thernberg sah er das alles geboten. Dieser kleine Marktflecken inmitten eines düsteren Bergwaldwinkels im Schwarzatal, nächst Wiener Neustadt, weist naturgemäß jene "wechselvolle Geschichte" auf, deren Beginn mit dem Jahre 865 dokumentiert wird, der Rest ist Kataster-Wissen und vermag dem verdienten Lokalhistoriker als unerschöpflicher Quell stetes Forscherglück bescheren.
Anno 1807 erwarb der 25jährige Erzherzog Johann das Schloß nebst zugehörigen Liegenschaften von einem gewissen Constantin Wlasto, seines Zeichens griechischer Handelsmann. Von jenem Wlasto überliefert uns der Chronist „daß er jede Gelegenheit möglichst zu seinem Vorteil benützte". Es drängt sich die Frage auf, ob er im Verkauf der Herrschaft – die er im übrigen gründlich renoviert übereignete – nicht auch solch eine Gelegenheit gewittert haben mochte? Wie dem auch sei, nun gab es ein eigenes Stück Land, fern genug und nicht unter jener unmittelbaren Observanz, welcher sein „alpiner Musterbetrieb" samt „Tirolergarten" und Viehwirtschaft im Schatten Schönbrunns ausgesetzt war. Hier konnte nun der neue Gutsherr in vivo zeigen, was ein habsburgischer Privatier zu leisten vermag so man ihn nur läßt.
Dieser bisher unbedeutende Ort sollte das Gesellenstück für sein künftiges Meisterwerk jenseits des Semmerings sein. In Thernberg wurden alle weitreichenden und tiefgreifenden Reformen landwirtschaftlicher, sozialer und künstlerischer Art vorangetrieben. Doch dazu bedurfte es mannigfaltiger Eingriffe. Zunächst widmete er sich dem Bergschloß, einem knapp unterhalb der alten Burg horstenden, spättheresianischen Schlössel, welches nicht nur Wohnsitz sein sollte, sondern auch das praktikable Arbeitsfeld eines liebenswürdigen Exzentrikers. Ein chemisches Laboratorium wurde installiert, sein Herbarium und seine außergewöhnlich wohlsortierte Bibliothek fanden hier endlich Platz. Ebenso seine umfangreiche Bildersammlung, mit deren Aufbau er um 1802 begonnen hatte. Diese Kollektion erhob jedoch keineswegs Anspruch auf künstlerischen Wert, vielmehr entsprach sie den Intentionen des Auftraggebers, das zweckdienliche Element in den Vordergrund zu stellen. Seine Kammermaler wurden gleichsam als Sachwalter höchster Authentizität eingesetzt. Sie hatten nichts als die reine Wahrheit wiederzugeben, ohne gekünsteltes Arrangement, das die Szene verfälschen würde. Leute mit diesem Talent suchte er, nach solchen Vorgaben wählte er die Gruppe der Kammermaler aus. Wenn man so will, waren sie die Vorläufer der Dokumentarfotografen. Matthäus Loder und Thomas Ender waren ob ihrer Klarheit im Ausdruck und ihrer präzisen Auffas-

Gastronomisches aus den alpenländischen Jagdschlössern

In altösterreichischen Bürgerhäusern wurde selbst bei Tisch auf Disziplin und Gehorsam gehalten. Wenn der Filius murrte: „Schon wieder gekochtes Rindfleisch!" dann erteilte ihm Papa oder Mama die fällige Rüge durch den Hinweis auf das höchste Vorbild: „Red' nicht, iß! Der Kaiser ißt auch immer gekochtes Rindfleisch!" – „Immer? Jeden Tag?" – „Ja, täglich – oder jedenfalls sehr oft."
Was stimmte, mit der Einschränkung, daß der fromme Katholik Franz Joseph an den Freitagen das kirchliche Fastengebot strikt befolgte. Aber sonst wollte er, in allem an seine Routine gewöhnt, den klassischen Wiener Tafelspitz auch in seinen oberösterreichischen und steirischen Jagdhäusern nicht missen. Der wurde immer als dritter Gang serviert. Bei kleineren Mahlzeiten gab's zur Abwechslung handfeste Köstlichkeiten der bodenständigen Küche, wie man sie in jedem Dorfwirtshaus bekam, etwa Selchfleisch mit Knödeln oder Blutwurst mit Sauerkraut. Als Mehlspeise schätzte der kaiserliche Weidmann besonders die „Äpfelradeln", das sind in Palatschinkenteig ausgebackene Apfelspalten. Abends taugte ihm in den Revieren die so ziemlich frugalste Atzung im gastronomischen Stil kleiner Beamter seines großen Reiches: Erdäpfel mit Butter. Diese dem Kaiser zur Selbstverständlichkeit gewordene einfache, eigentlich grundbürgerliche Lebensweise veranlaßte einen Zeitgenossen aus den Hofkreisen zu der ironischen, nicht unkritischen Bemerkung: „Es berührt komisch, wenn man sich die Genügsamkeit des Kaisers vor Augen hält und zugleich sieht, welch großartiger Apparat während eines Jagdséjours zur Verköstigung der Jagdteilnehmer in Bewegung gesetzt wird."

sung bevorzugte Reise- und Wandergefährten des Prinzen. Jakob Gauermann jedoch mußte des öfteren einer Rüge gewärtig sein, setzte er sich doch allzugern über manch tristes Faktum hinweg und verlieh mit viel Gespür fürs Theatralische auch den simpelsten Gegebenheiten eine romantisch idealisierte, gemütvolle Note.
Anders freilich verhielt es sich mit der zweiten Kategorie, nämlich jener der Historienbildermaler Ihr „Auftrag" war es, patriotische Gefühle zu erwecken, verständlich, zog doch der einköpfige napoleonische Aar bedrohlich über Europa seine Kreise.
Und schon einmal hatte er sich dem altehrwürdigen Doppeladler gegenüber als der Gewandtere erwiesen. Schicksalsschwere Stunden des Hauses Habsburg wurden da im kleinen Thernberg heraufbeschworen. Petteras „Maximilian begegnet Maria von Burgund", Karl Ruß' „Graf Rudolfs Zusammentreffen mit dem auf einem Versehgang begriffenen Priester" und einige andere bildliche „Durchhalteparolen" vermittelten in den Gemächern heroische Stimmung.
Allmählich erlangte Thernberg neuerdings militärische Bedeutung, als ideologisches Hauptquartier zur Befreiung Tirols, die Johann von hier aus organisierte. 1809 betraute ihn sein kaiserlicher Bruder mit dem Oberbefehl in Italien. Gemeinsam mit dem kraftstrotzenden Volkstribun Andreas Hofer und seinen Scharen befreite er Tirol. Doch durch die Niederlage Erzherzog Carls mußte er den Rückzug antreten, um Wien zu schützen. Noch während Johann auf dem Marsch ist, fällt die Reichshauptstadt. Carl geht zwar am 21. und 22. Mai 1809 als Sieger von Aspern in die Geschichte ein, verliert jedoch durch Johanns verspätetes Eintreffen die Schlacht bei Wagram. Erzherzog Johann fühlt sich für diesen schweren Rückschlag verantwortlich, und noch schlimmer: dem Kaiser erscheint die dennoch zunehmende Popularität seines jüngsten Bruders suspekt, ja er verbietet ihm ausdrücklich, Tirol je wieder zu betreten.
Diese Niederlage ließ nun seine wahre Mission aufkeimen. Im Frühling anno 1810 fand er sich wieder in „seiner " Herrschaft ein und trat nun gleichsam als Entwicklungshelfer in das Leben der braven Thernberger. Systematisch wurde dort die Obstbaumzucht betrieben, neue Sorten wurden geprüft und eingeführt, die Kunst des Bäumeveredelns, all diese fortschrittlichen Errungenschaften wurden Landwirten in der von ihm gegründeten pomologischen Schule nahegebracht. Damit nicht genug: fast märchenprinzengleich verschenkte er als größter Grundbesitzer an die Bewohner des Ortes Wald und Wiesenparzellen des Thernberger Riegels. Er war eben ein Gutsherr, der auf seine Leute schaute. In jenen Jahren „ging in Thernberg ein Stern dieser Gegend auf", schreibt der Historiker Schweikhardt von Sickingen. Und ein anderer Chronist berichtet hiezu: „Die eigene Wirtschaft Sr. Kaiserlichen Hoheit nähert sich immer mehr ihrem Ziele einer rationellen Vollkommenheit. Eine ganz beträchtliche Originalschäferei und ausgedehnte Anlagen für systematische Obstbaumzucht zeichnen sich vorzüglich aus. Hoheit Johann von Österreich, als Protector der Landwirtschafts-Gesellschaft von Österreich, gibt ein ermunterndes Beispiel zur Verbesserung der Landeskultur in allen Zweigen. Mit der tiefsten Theorie vereinigt er alle Erfahrungen eines ausübenden Ökonomen. Nicht selten sieht hier der Freund vaterländischer Kultur den Feldherren des Tages von Sacile (jenes Schlachtortes in Italien, an dem Johann siegreich war) den Begründer des steirischen Joanneums, sei-

nem großen Ahnherrn Joseph gleich, den segenbringenden Pflug führen," ... Nach all diesen Leistungen verwundert es wenig, daß wir ihn häufig als Taufpaten auffinden. Wenn auch solche Zukunftsweisenden Verdienste den „Steirischen Prinzen" schon vorwegnehmen, so tritt uns der Waidmann Johann, noch den Gepflogenheiten seiner Zeit verhaftet, entgegen. Im nahen Föhrenwald, in dem Seine Majestät, der Kaiser, alle Jahre während seines Aufenthaltes in Baden und Laxenburg auf Hirsch und Damwild jagt, treffen wir Johann ab 1813 als ständigen Jagdgast an. Wir lernen ihn als durchaus eifrigen, überschwenglichen Schützen kennen. Anno 1817 streckte der erzherzogliche Heißsporn bei einer Jagd nicht weniger als 17 Stück Rotwild. Er verlangte damals auch, daß man ihm die „Hohe Wildbann im K.K. Hochwolkersdorfer Jagdrevier" übergeben solle, mit der vertraglichen Klausel versehen, das insolange, als Seine Kaiserliche Hoheit Besitzer der Herrschaft Thernberg zu bleiben beliebe. Diese Bedingung kann als gut ausgehandelt gelten, und eigentlich hätte er es damit bewenden lassen können. Doch verlangte es ihn nach mehr, insbesonders, da die am Rande des kleinen Föhrenwaldes gelegene Herrschaft Frohsdorf zum Verkauf stand. Er meldete mit ungewohnter Bestimmtheit, daß ihm „ohne Verzug die Jagdrechte zu übertragen seien". Ein anderer Johann? Man sollte ihn nicht daran messen. Bis zum Jahre 1829, als er die Herrschaft an Fürst Liechtenstein verkaufte, war er ein vorbildlicher Gutsherr. Die Thernberger Zeit brachte den Einwohnern Wohlstand und Selbstbewußtsein. Es war das Exerzierfeld seiner späteren wahren Einsatzgebietes Steiermark.

Thernberg war der Keimboden für das Grazer Joanneum. Und, kühn formuliert hat der Steirische Prinz letzlich auch zur Raumfahrt seinen Beitrag geleistet. Denn das Joanneum war es, das entscheidende Forschungsarbeiten für das sowjetische „Austro-Mir"-Programm durchführte.

Denkmal Erzherzog Johanns in Thernberg.

Hernstein

Das Jagdschloß eines schon zu Lebzeiten vergessenen Habsburgers

Ein Pferdegespann brauchte für den Weg von Vöslau nach Hernstein etwa drei Stunden. Über Berndorf ging's ins bergige Waldgebiet mit seinen Gauermann-Motiven und wildreichen Revieren. Unzählige Male wohl befuhr ein stämmiger adretter Herr mit Spitzbart und „Künstlerfrisur“ im Reisewagen diese Strecke : der Architekt Theophil Hansen, von Geburt Däne, in Athen der höheren Weihen der Baukunst teilhaftig geworden und nach dem Fall der Basteien einer der Schöpfer des optimistisch gepriesenen „Neu-Wien“. Anno 1854 hatte er „nebenbei, aber ganz in seinem persönlichen Duktus“ in Lemberg ein Invalidenhaus der österreichischen Armee errichtet, nach den Intentionen des Erzherzogs Leopold Ludwig, der damals wegen seiner bei Habsburgern ungewöhnlichen, ausgeprägten technischen Fähigkeiten die Funktion des Genietruppeninspektors innehatte, also Chef des Pionierwesens war. Er vertrat den Grundsatz: wenn das Ärar baut, dann muß daraus nicht unbedingt ein schematischer Kommißkasten werden! Von Hansens architektonischer Lösung war er so beeindruckt, daß er ihm die Umgestaltung seines Schlosses Hernstein übertrug, bis dahin ein großer ehemaliger Meierhof.

Vorhergehende Seite: Theophil Hansens Bau, in Beziehung zur Tradition – der Burgruine – gebracht.

Repräsentation und Geschichtsbewußtsein: der Ahnensaal, 1877 von Franz Alt gemalt.

Bauherr Erzherzog Leopold Ludwig, noch in der Vollkraft …

Die Herrschaften Hernstein – oder Hörnstein, wie die Leute seit altersher sagten – Starhemberg und Emmerberg waren 1830 in habsburgischen Besitz gelangt. Erzherzog Rainer, der Vizekönig der Lombardei, hatte sie erworben. Von ihm erbte sie sein ältester Sohn, eben Leopold Ludwig, der die Jägerjoppe ebenso gern anzog wie die Uniform. Da draußen, „in reizender Gebirgseinsamkeit", wollte er sich ein Buen Retiro schaffen, das noble Herrenhaus eines hohen Waidmannes und Pferdefreundes.

1860 legte er, der naturwissenschaftliche Systematiker, auf der Hohen Wand ein Wildgehege (Tiergarten) an, um ein interessantes wildbiologisches Experiment durchzuführen. Er wollte feststellen, ob sich Mufflons im Gebirge – das Terrain liegt immerhin auf fast 1000 Meter Seehöhe – den Lebensbedingungen in solchen Zonen anpassen können, welche Ergebnisse durch Kreuzungen zu erzielen wären und ob Blendlinge fortpflanzungsfähig seien. Außer Mufflons wurden zu diesem Zweck auch Zakelschafe ausgesetzt, die im Flachland der Donau beheimatet waren. Ein Zeitgenosse vermerkte die Resultate: „In den ersten zehn bis zwölf Jahren entstanden viele weiße und doppellfärbige Individuen, die aber allmählich die Farbe wechselten, gleichfarbig wurden und endlich das volle Aussehen des Mufflons annahmen. Die auf solche Weise gewonnenen Bastarde, richtiger gesagt vollständige Wildschafe, gleichen dem Mufflon in allen seinen Charakterkennzeichen."

Elchjagd in Ostpreußen, Reminiszenz an glückliche Stunden des Erzherzogs.

Jägerin und Jäger, bunte Porzellanfiguren der Wiener Manufaktur, um 1760, Österr. Museum für Angew. Kunst.

Nicht so erfolgreich gerieten die Versuche mit dem gleichfalls dort ausgesetzten Steinwild.
In Hernstein hatte Theophil Hansen indessen mit dem Umbau begonnen. Ganz im Geist jener Epoche ist die innere Beziehung zu der auf einer bewaldeten Anhöhe gelegenen Ruine der alten Burg Hernstein hergestellt. Damit wurde hier, wie auch bei anderen Schloßbauten des Historismus, die geschichtliche Kontinuität zum Ausdruck gebracht. So legitimierten sich die neuen Bauherren als Nachfolger längst dahingegangener Geschlechter. Die ursprüngliche Anlage des vorhandenen einstöckigen Komplexes behielt der Architekt bei, akzentuierte sie aber durch zwei Türme und gestaltete die Fassade mit Elementen im Stil der englischen Tudoroptik aus. Weil Hernstein aber eben kein „Manor“ in der Countryside war, sondern ein erzherzogliches Jagd- und Landschloß in den Wäldern des südlichen Niederösterreich, entschied er sich für den Verputz im traditionellen Schönbrunnergelb, was in Verbindung mit dem Maßwerk, den gotischen Zinnen, den Spitzbogen und den Wasserspeiern auch einen „Blendling“ ergab, teils britannisch, teils kakanisch.
Erst 1880 war die Innenausstattung und Einrichtung des Schlosses fertiggestellt. In diesem Zeitraum vollzog sich in Österreich ein neuer Aufschwung des Kunstgewerbes und der künstlerischen Handwerkszweige. So konnte Hansen auch in Hernstein sein ureigenstes Konzept verwirk-

Bewahrter Glanz: Hernstein überstand alle Wechselfälle der Zeitgeschichte ohne größere Schäden.

lichen. Jede Einzelheit bis zu den Kandelabern und den Türklinken wurde nach seinen Werkzeichnungen ausgeführt, ist Ausdruck seines aufs Dekorative gerichteten Stilwillens. Gestaltete er die Eingangshalle, die Treppenaufgänge und die Kapelle noch in gotsierenden Formen, wählte er, der Befürworter der Farbe in der Architektur, für die Kunstmarmorverkleidungen der Wände leuchtende Tönungen, so entwarf er die Flucht der Haupträume im prunkenden, von der Hochrenaissance inspirierten typischen Ringstraßenstil. Das Braun kostbarer Hölzer und das Gold reichen Zierats sind die beherrschenden Elemente, abgesetzt gegen die Tönungen der Wände und die Deckengemälde. Der Zentralraum des Schlosses, der Ahnensaal mit dem Zyklus großer Kaiserporträts, ist eine Huldigung des Bauherrn an seine Vorfahren und offenbart wohl jene Besinnung auf das Genealogisch-Dynastische, die nach den Worten des österreichischen Historikers Alphons Lhotsky als Anzeichen einer ersten inneren Rückzugsphase der sinkenden habsburgischen Macht in einer sich radikal verändernden Welt zu bewerten ist. In der Bibliothek befand sich eine große Sammlung von jagd- und forst-

Korridor des Schlosses, stilgerecht mit Jagdtrophäen bestückt.

Erzherzog Leopold Ludwig als schwerkranker „Einsiedler von Hernstein".

Die Leute verglichen sein privates Reich mit den Schlössern König Ludwigs II. von Bayern.

kundlichen Büchern sowie topographischen und sonstigen beschreibenden Werken über Niederösterreich, namentlich über die engere und weitere Umgebung, die Bezirke Baden und Wiener Neustadt. Ein damaliger Besucher gibt Auskunft über einen Raum, der dem Erzherzog besonders am Herzen lag. Es war natürlich das Jagdzimmer „mit der Gewehrsammlung sowie einer Anzahl von Jagdtrophäen und waidmännischen Spezialitäten. Die erstere Sammlung besteht aus achtzig Gewehren älterer und neuerer Systeme, größtenteils Andenken und Geschenke. Von den Jagdtrophäen fallen zunächst zwei Elchgeweihe auf, deren eines durch Seine Kaiserliche Hoheit zu Ibenhorst in Preußen erbeutet wurde. Der Hirsch, dessen Decke als Teppich auf dem Boden ausgebreitet liegt, wog acht Zentner. Neben diesem bemerkt man einen ausgestopften Wolf, den letzten im Bereiche des erzherzoglichen Gutsbesitzes, der im Jahre 1866 auf der Mandling geschossen wurde, ferner einen 10,5 cm starken Weißbuchenstumpf, steinhart, durchbohrt von einem Rehzinken, der darin steckenblieb, eine in einen Stock eingewachsene Stange von einem Hirschgeweih u. a.".

Deutsame Motive des
Deckengemäldes von Christian
Griepenkerl im Empfangssaal:
in der Mitte Diana, in den Ecken
Allegorien der Waidmannstugenden
Stärke und Ausdauer (Löwe), Mut
und Gewandtheit (Steinbock),

Scharfblick und Schnelligkeit (Adler), Vorsicht und List (Fuchs). Als Seitenbilder Szenen aus der klassischen Mythologie: Meleager erlegt den kalydonischen Eber und Odysseus als Hirschjäger.

Der nicht mehr existierende Gartensaal mit seinen Wandbildern ideal-romantischer Landschaften.

In solchen Objekten, die früher in den Kunst- und Wunderkammern ihren Platz gefunden hätten, bekundete sich Leopolds Interesse an der Wildbiologie und ihren seltsamen Einzelfällen. Auch in seiner Geweihsammlung waren zahlreiche Abnormitäten zu sehen.
Als zauberhaftes kleines Zwischenreich, in dem nach Vorbildern aus dem 18. Jahrhundert die Grenze zwischen Künstlichkeit und freier Natur aufgehoben war, zeigte sich der Gartensaal mit direktem Zugang zum Teich vor dem Schloß. Gemalte Landschaften an den Wänden und Spiegel riefen im Betrachter die Illusion hervor, er sei unversehens in fremde und doch vertraute Gegenden versetzt. Ein besonderes Kuriosum war die Deckenbespannung aus gemustertem persischem Schalstoff. Dieses Gewebe brachte Napoleon von seinem Feldzug in Ägypten und Syrien mit, laut Überlieferung als Geschenk eines Scheichs. Nach Hernstein kam es wohl aus der Verlassenschaft von Marie Louise, mit anderen Objekten, wie jenem Pietà-Relief aus Carrara-Marmor, das einst ihren Betschemel in Schloß Fontainebleau geziert hatte.
So war der ursprünglich waidmännische Landsitz zu einer fürstlichen Residenz geworden. Doch Erzherzog Leopold hielt niemals Hof vor August Eisenmengers Habsburgerbildern oder unter den goldenen Karyatiden des Empfangsaales. Er präsidierte nie der Tafel im Speisesaal, verbrachte keine einzige Nacht unter dem Baldachin des Prunkbettes im Schlafgemach. Es gab auch keine Reviergänge mehr, kein Waidmannsheil in den Forsten ringsum. Ein schweres Leiden hatte ihn bewegungsunfähig gemacht. Nur ganz selten ließ er sich im Rollstuhl durch die glanzvolle Suite der Säle schieben, ansonsten verbarg er sich vor den Menschen in einigen abseits gelegenen Zimmern des Schlosses, umgeben von zahlreichen Pferdebildern, welche die Wände seines Salons schmückten.
Auf Hernstein spann sich der Unverheiratete und Kinderlose in ein verschattetes Sonderlingsdasein ein, dabei scheint er sich auf seinem Grund

und Boden als alleiniger und oberster Herr gefühlt zu haben, wie das gekrönte L beweist, das allenthalben auf den Wappenschilden zu sehen ist. Nicht zu Unrecht vergleicht schon ein Zeitgenosse den Bau in seiner Grundstimmung und als Ambiente des Bewohners mit den bayerischen Königsschlössern Ludwigs II., wenngleich die Romantik einsamer Märchenherrlichkeit auf Hernstein bei weitem nicht so üppige Blüten trieb wie auf Neuschwanstein. „Er war lebendig-tot. Wenige kannten und nannten ihn", sagte der Wiener Schriftsteller Oskar Teuber über den für Wien verschollenen Habsburger. Und als dieser schließlich im Mai 1898 nach langem Siechtum starb, fragten sich die Leute erstaunt: „Ja hat er denn wirklich noch gelebt, der ‚arme Kranke', der Einsiedler von Hörnstein ?" Umso populärer war sein Bruder, der nun den Besitz erbte: Erzherzog Rainer. Der alte Herr in leger geschnittener Generalsuniform, mit dem für ihn charakteristischen langen weißen Schnurrbart, ein Mann, der als getreuer Paladin noch aus den Tagen Radetzkys in die Jahrhundertwende ragte wie ein lebendiges Denkmal, hielt sich allsommerlich einige Wochen in Hernstein auf, bis zu seinem Tod im Jahr 1913. Jahrzehntelang blieb der Besitz noch in den Händen seiner Nachkommen, trotz aller Wechselfälle der Zeitgeschichte weitgehend unversehrt. In den Fünfzigerjahren kam der Verkauf an die Erste Österreichische Sparkasse zustande, die das Schloß und den Park 1963 an die Wiener Handelskammer, die heutige Wirtschaftskammer Wien, veräußerte. Unter Wahrung der künstlerischen und historischen Substanz gab sie der Residenz des „vergessenen Habsburgers" eine neue Funktion: um moderne Nebenbauten erweitert, die so behutsam eingefügt wurden, daß sie das Erscheinungsbild nicht beeinträchtigen, ist das Schloß nun ein Seminarhotel und der Sitz des „Hernstein International Mangagement Institute".

Wie ein Souverän ließ der Erzherzog über Portalen und auf Möbeln seine Initialen anbringen.

Mayerling

„… im übrigen ist es zum Sterben langweilig …"

Wohl kaum ein zweiter Begriff aus dem Fundus altösterreichischer Geschichte steht auch heute noch unter so widersprüchlicher Spannung, wirkt so elektrisierend, wie der kleine Ort Mayerling nächst Heiligenkreuz. Das vom Schatten des Schaurigen umflorte Auge des Publikums nimmt bewußt den „Weichzeichner-Effekt" in Kauf und setzt nur allzu bereitwillig jenen Mechanismus in Gang, dessen sich auch der unsterbliche Groschenroman so trefflich bedient:

Das Patentrezept einer glücklosen, durch den Standesunterschied verhinderten Liebe läßt den Ort der Handlung in den Hintergrund treten. Seiner tatsächlichen Existenz enthoben wandelte sich Mayerling zum Synonym eines Fin de siècle-Dramas, dessen populärste Deutung eben im Romantischen zu liegen scheint. Doch dieser Ort, in dem die Monarchie gleichsam ihren ersten Schlaganfall erlitten hatte, der letale sollte 1918 folgen, war selbst von dem zu allerlei Ausschweifungen neigenden Rudolf nie als Liebesnest geplant. Vielmehr gedachte er, sich hier ein ruhiges Rückzugsgebiet zu schaffen, eines jener oft zitierten „Retiros", in deren Umfeld es sich auch gut jagen ließ. Gerade das Ereignis im Jänner 1889 sollte es sein, das diesem Adalbert-Stifter-Idyll mit all seiner Poesie erdiger Tristesse zu traurigem Weltruhm verhalf.

Oder wie es der frühe Kronprinz-Biograph Ernst Edler von der Planitz 1889 bemerkte: „Die Gegend von Mayerling, eine Perle des Wiener Waldes, ist hochromantisch. Eine Menge von Ruinen, zerfallenen Schlössern, verlassenen Einsiedlerhütten, verödeten Kirchen, niedergebrannten und nicht wieder aufgebauten Bauernhöfen, Türkengräbern und alten Friedhöfen, auf Felskuppen gelagert oder im Walde versteckt, geben der Gegend ein äußerst poetisches Gepränge, einen richtig gestimmten Hintergrund, wie ihn schwärmerisch angelegte Seelen so gerne suchen und für romanhafte Ereignisse für unentbehrlich halten." Aus diesen Schilderungen offenbart sich einiges. Es war eben ein Landstrich im Umkreis von Wien mit den üblichen topographischen und menschlichen Schicksalen. Begonnen hatte alles mit einem frommen Unterfangen: Markgraf Leopold, der Heilige, gründete anno 1135 die Zisterzienserabtei Heiligenkreuz. Zu dieser gehörten auch die Wälder und Felder über Alland und Mayerling hinaus. Im Jahre 1412, in welchem die Jungfrau von Orléans geboren wurde, und Brunelleschi die Zentralperspektive entdeckte, in jenem Jahre also errichtete Abt Albert eine dem heiligen Laurenzius geweihte Kapelle. Und selbstverständlich weiß die Chronik auch von brandschatzenden Türkenhorden zu berichten. Gleich beide Male, 1529 und 1683, kamen sie und verrichteten ihr grausiges Werk. Meistens trafen sie's genau, entweder unmittelbar nachdem die Arbeiten am Neubau beendet und der Verputz sozusagen noch nicht trocken war, oder gleich nachdem die Restaurierung abgeschlossen war. – Immer leisteten sie ganze Arbeit und erwiesen sich als ihres schreckenerregenden Rufes würdig. Soweit das Heimatkundliche. Sonst trug sich wenig zu in diesem Niemandsland zwischen der Reichshaupt- und Residenzstadt und dem mondänen Kurort Baden bei Wien. Der Hof unterhielt seit Jahrhunderten ein ausgedehntes Revier in der Nähe Allands, und Kronprinz Rudolf weilte hier gelegentlich zur Jagd. Es wurde nicht allzusehr von „anderen" frequentiert. So entdeckte er eine Lücke, die er nun ausfüllen wollte; hierher konnte er gleichsam entschlüpfen. Diese Ausflüge waren meist ein wenig improvi-

Vorhergehende Seite: Hat es sich jemals so abgespielt? Das Kronprinzenpaar etwa 1887 in Mayerling, Gemälde von Alexander von Bensa.

Rudolf als idealisierter fröhlicher junger Gemsenjäger.

Kaffee-Essenz (Für Reisen, Manöver Jagden)

Ein Eßlöffel davon in eine Tasse kochende Milch genügt zu einer vorzügliche Melange.
Bedarf: 500 g Rohzucker (Kandis, 250 g gebrannter und geriebener Kaffee 2 l Wasser.
Rezept: Der Zucker wird unter fleißiger Rühren zu tiefdunklem Karamell gerö stet, das Wasser dazugegeben und m diesem verkocht.
Damit wird der Kaffee in einer Maschin (wie ein gewöhnlicher) langsam aufgego sen.
Die Essenz wird, in verkorkten Flasche verbunden, in Dunst gekocht.
Aus: Josef Cachée, Die k.u.k. Hofküch die Hofzuckerbäckerei und der Hofkell in der Wiener Hofburg, Amalthea, Wie 1985

Jagdschloß Mayerling: eher ein Anwesen im Stil des südlichen Wienerwalds.

Kurz vor der Tragödie stellte sich der psychisch schwer Belastete im Jagdanzug aus Tweed dem Fotografen.

Der kronprinzliche Leibjäger Johann Loschek: Zeuge der geheimnisvollen Ereignisse.

siert. Rudolf besaß eine bescheidene Hütte, seine Jagdgäste hingegen logierten in Alland im Gasthof „Zum goldenen Löwen". Auf die Dauer war dies ein wenig befriedigender Umstand. Oft kam nun der Kronprinz an einem geradezu mustergültigen Gutshof vorbei. Es war das Anwesen des Michael Fischer, einer tragisch-komischen Gestalt von Nestroy- und Raimund'schem Format. Fischer strotzte von guten Ideen, was das Landwirtschaftliche betraf, war aber gänzlich ohne Gefühl für finanzielle Angelegenheiten. 1873 spekulierte er an der Börse und verlor dabei einen Großteil seines Geldes. Den verbliebenen Rest seiner Mittel verwendete er 1880 zum Ankauf des herabgewirtschafteten „Mayerlinger Hofes", eines gerade für diese Gegend wahrlich imposanten Vierkanters, nebst den zugehörigen Wiesen und Feldern in diesem Talkessel. 44 Kühe standen in seinem Stall und auf den Weiden, 40 davon waren „Tiroler Fleckvieh" und 4 Holländische Milchkühe, die allein 40 Liter Milch täglich abgaben. Das war aber erst der Grundstock: Später gesellten sich noch ein schottischer Zuchtstier und ein aus Yorkshire stammender Zuchteber sowie Ochsen und Pferde hinzu. Eine Geflügelfarm rundete die Menagerie ab. Doch der Plan war zu groß angelegt für einen Boden, der nicht viel zu geben imstande ist. Um genügend Futter zu beschaffen, mußten neue Weideflächen angekauft werden. Nun erstreckte sich der Besitz bis zum Neißenstein. Allmählich amortisierte sich das Ganze. Ebenso unerschütterlich, wie er an die Rentabilität des Gutes glaubte, war Fischer auch von der leichtsinnigen Idee überzeugt, doch einmal an der Börse zu Geld zu gelangen. Er spekulierte wieder, und diesmal war ihm Fortuna nicht mehr hold. Die einmal gewährte Chance eines neuen Anfangs hatte er verspielt, der Besitz wurde verkauft und die Fischers zogen in ein halbverfallenes Haus im Meidlinger Dreherpark. Als neuer Gutsherr kam nun Reinhardt Graf Leiningen mit seiner Gemahlin, einer ehemaligen Soubrette des Badener Stadttheaters. Der in zweiter Ehe zur Gräfin Leiningen avancierten Dame sagte man auch eine „nähere Bekanntschaft" mit dem Kronprinzen nach.

Seltene Beute: der Kronprinz auf der Fischotterjagd.

Attribute des Zoologen und des Jägers, Kronprinz Rudolfs Schreibtisch in der Wiener Hofburg.

Auch soll sie es nie an einer „freudigen, allzufreudigen (!) Begrüßung" fehlen haben lassen, doch das nur am Rande. Wie gesagt, diese Ausflüge folgten meist spontanen Entschlüssen, und so wurden auch dem braven „Püchl", dem Leibjäger des Kronprinzen, einige Organisationskünste abverlangt. Am 17. Jänner 1886 befahl Rudolf seinem ergebenen Jagdvertrauten: „Püchl, übermorgen, den 19., werden Seine Majestät in Alland auf Hochwild jagen; fahren Sie morgen früh nach Alland hinaus und besprechen Sie mit Forstmeister Hornsteiner alles, was für eine erfolgversprechende Jagd notwendig erscheint."
„Seine Majestät, Prinz Philipp von Coburg, Generaladjutant Graf Paar oder ein Flügeladjutant und ich fahren in einem Separatzug nach Baden, wo wir um zirka halb neun Uhr eintreffen werden, um von dort mit dem vom Forstmeister beizustellenden Wagen weiterzufahren ..." Püchl tat, wie ihm aufgetragen wurde. „Am 19., acht Uhr morgens, erschien die hohe Jagdgesellschaft am Südbahnhofe, und bald darauf setzte sich der Hofzug in Bewegung. Von Baden ging die Fahrt durch das Helenental nach Alland beziehungsweise Lammerau. Der die Jagd leitende Forstmeister führte die Jagdgesellschaft nach dem entlegenen Triebe, um die Stände zu beziehen. Bei dieser Gelegenheit fragte der Kaiser den Forstmeister, ob die Triebe groß seien. Da dieser bejahte, wandte sich der Kaiser zum Kronprinzen mit der Frage: ‚Rudolf, wenn die Triebe so groß sind – da sind wir ja zu wenige Schützen – brauchst Du Deine beiden Jäger?' Der Kronprinz erwiderte: ‚Nein, ich brauche nur einen.' Seine Majestät fragte weiter: ‚Herr Forstmeister, haben Sie genug verläßliches Personal zur Leitung der Jagd?' ‚Ja, Majestät.' ‚Gut, wenn Sie die Schützen zu ihren Ständen gebracht haben, dann stellen Sie sich auch an, und Rudolf, Du wirst doch nichts dagegen haben, wenn einer Deiner Jäger auch auf den Stand geht.' ‚Oh nein, also Püchl, stellen Sie sich auch an.' Der Trieb begann. Der Kaiser, dem das Hochwild auf zirka 50 Schritte gekommen war, brachte drei Stück davon auf die Decke, und zwar einen geringen Hirsch, ein Alttier und ein Schmaltier ..."
Nun muß erwähnt werden, daß dieses kaiserliche Waidmannsheil Püchls Verdienst war, der das auf ihn zukommende Rudel mittels eines hochgehaltenen Sacktuches „umdirigierte". „Püchl, ich sah Ihnen zu, Sie manövrierten gut. Für meinen Erfolg sage ich Ihnen Waidmannsdank. Warum haben Sie nicht geschossen?" „Da mir doch alles daran gelegen sein mußte, daß Eure Majestät zu Schuß kommen, konnte ich doch nicht dreinpfuschen." Der Kaiser erwiderte lächelnd: „Mein Lieber, das sagen Sie aus Bescheidenheit, es war schön von Ihnen." Soweit Eugen Ketterls Schilderung einer Jagd in diesem Gebiet. Später in diesem Jahre erwarb Rudolf systematisch nach und nach Wiesen und Felder, denn er plante, den Mayerlinger Hof, in dem ja Graf Leiningen wohnte, zu erwerben. Dies konnte aber nur im Tauschwege geschehen, da das Stift Heiligenkreuz der Besitzer dieses Areals war. 1887 war es erreicht, und nun begann die Adaptierung dieses uneinheitlichen, aus verschiedenen Gebäuden unterschiedlichster Art bestehenden Komplexes, eines Konglomerats aus teils neu errichteten, teils umgebauten Objekten.
Das ehemalige Gasthaus Eipeldauer wandelte sich zum Jagdschloß, und darin liegt eine seltsame Parallele mit dem einstigen „Eisernen Kanzler" Otto Fürst von Bismarck vor, dem der Kronprinz zwar wahrlich nicht sonderlich zugetan war, der aber ebenso in einem nur gering-

Hochadelige Mayerlinger Jagdgesellschaft an einem Spätwintertag.

fügig veränderten Landhotel seine alten Tage verbrachte. Man soll sogar noch die Zimmernummern an den Türen bemerkt haben. Die ehemalige Leinigen-Villa, wie man sie nannte, beherbergte das Telegrafenamt, in dem Julius Schuldes, der Hoftelegraphist, hauste, eine kleine Wohnung für Stephanies Hofdame, und darüber im ersten Stock quartierte sich die Familie des Prinzen von Coburg ein. Die Meierei enthielt Fremdenzimmer für Gäste des Kronprinzen, desgleichen waren hier auch die Leibjäger, der Gärtner und ein Schloßwart namens Zwerger untergebracht. Bereits am 19. und 20. Oktober des Jahres 1887 wurde das Jagdschloß – und als solches war es von Anfang an konzipiert – feierlich eingeweiht. Neben dem Kaiserpaar wohnten diesem Festakt Prinz und Prinzessin Philipp von Coburg, Graf Potocki, Baron Keményi, Baron Bornemisza, Graf Bombelles und Major Graf Rosenberg bei. Für die Tafelmusik sorgte die Zigeunerkapelle Pongrácz aus Klausenburg, nach dem Diner sang das Udel-Quartett. Doch dieser sicherlich sehr pittoreske Festivität schien auch gleichzeitig der letzte große – freudige – Anlaß gewesen zu sein. Zwar fanden sich gelegentlich einige der obengenannten Personen hier im Lauf der verbleibenden 16 Monate ein, aber Großartiges trug sich nie zu. Es war eher die rasche Verfügbarkeit, ähnlich der eines einfachen Wochenendhauses, die der Kronprinz suchte. Es war so schlicht, daß Schuldes einmal feststellte: „... ein besseres Hotel habe schönere

Der Bühnenbildner Fritz Judtmann versuchte das Schlaf- und Sterbezimmer des Kronprinzen zu rekonstruieren.

In Mayerling begann der letzte Weg des Kronprinzen.

Möbel ... Anstatt der Lakaien besorgten ortsansässige Weiber die Bedienung und das Aufräumen. In den Wohnungen brannten nicht bloß Kerzen (diese waren kostspieliger; so wird auch von der als sparsam bekannten Erzherzogin Gisela berichtet, daß sie nicht nur Gebrauchte mit nach München nahm) sondern auch Petroleum – und Öllampen." Schuldes bestätigte auch, daß hier nie ein Gelage stattgefunden habe: „... Es waren reine Herrenabende, bei denen man sich gegenseitig Jägerlatein erzählte. Stephanie war die einzige Frau, die zweimal (!) zugegen war, und nachdem sie sich um 20 Uhr in ihr Zimmer zurückgezogen hatte, übersiedelten die Herren in die ‚Leinigen-Villa', um ihre Nachtruhe nicht zu stören."

Zwanglos ging es zu, man trug sich jagdlich gewandet und verlebte so einige Tage ohne Zeremoniell. Schuldes' Arbeitspensum war gering, lediglich in den Abendstunden kabelte er für Rudolf Depeschen, und des frühen Morgens mußten die eingegangenen bereits vorliegen. Es herrschte nicht gerade reger Betrieb, was ihn zu der Äußerung veranlaßte, daß es hier im übrigen „zum Sterben langweilig" sei. Gezählte 10 Jagden wurden in Mayerling abgehalten. Am 29. Jänner 1889 war noch ein Hochwildriegler im Revier Glashütte geplant. Der Kronprinz nahm wegen „leichten Unwohlseins" nicht daran teil, sie fand ohne ihn statt. Am darauffolgenden Tag, dem 30., sollte im Schöpfelgitter gejagt werden. Doch das Schicksal wollte es anders ...

Ein Phantasie-Mayerling in dem österreichischen Film „Kronprinz Rudolfs letzte Liebe" (1956): mit Attila Hörbiger (Fiaker Bratfisch), Christiane Hörbiger (Mary), Rudolf Prack (Kronprinz).

Das Kronprinz-Rudolf-Denkmal, zunächst auf Korfu errichtet, dann in Mayerling, später allmählich verschollen. Das Porträtmedaillon blieb in Laxenburg erhalten.

Schloß Orth

Hofjagd mit Schrammelbegleitung

Schon sehr früh trachtete der Kronprinz, sich auch als Waidmann selbständig zu machen. Er wollte einen Bereich haben, in dem er faktisch der Jagdherr war. 1873 wurde er auf die mittelalterliche Burg Orth an der Donau aufmerksam, die sein Urgroßvater Kaiser Franz I. anno 1824 von dem in Schwierigkeiten geratenen Kommerz- und Finanzmagnaten Graf Fries erworben hatte. Seither war sie Teil des habsburgischen Privat- und Familienfonds, wurde als Zentrum der landwirtschaftlichen Fondsgüter genutzt, fand aber ansonsten als „alter Kasten" keinen Anwert. Dort gab es also einen Freiraum für Rudolf. Im sogenannten „Neuschloß", einem Anbau des Komplexes, hatte er Zimmer und Säle zur Verfügung, die er sich nach seinem persönlichen Geschmack – der nicht der allerbeste war – einrichten konnte für die Jagden in den Donauauen, zu denen er häufig erlauchte Gäste einlud. Unter diesen war der damalige Prince of Wales, späterer König Eduard VII., in den langen Jahrzehnten seiner Thronanwartschaft Europas berühmtester Bonvivant, ohne definitive politische Rolle neben seiner Mutter Königin Victoria – eine Situation, die Parallelen zu Rudolfs Schicksal aufwies und eine gewisse innere Verwandtschaft zwischen den beiden Dynastensöhnen schuf. Einer der vielen Jagdausflüge ist kennzeichnend für manche Züge im Persönlichkeitsbild des Kronprinzen und steht obendrein in anekdo-

Reminiszenz: Im ungarischen Revier Görgény erlegte der Kronprinz seinen ersten Bären. Präpariert steht dieser seit langem nun in der „Rudolfsvilla" in Reichenau an der Rax.

Laut Protokoll schoß der Kronprinz als Gast in Potsdam einen weißen Hirsch, allerdings mehr als zehn Jahre vor seinem Tod.

Das Orther „Neuschloß" als Retiro für Kronprinz Rudolf.

Der Jüngling Rudolf, schon damals im alpinen Wetterfleck aus Loden, der bis heute fast unverändert blieb.

Jagd-Rapport

„Hofjagd-Revier"

Königlicher Wildpark bei Potsdam

Hofjagd am 6ten März 1878.

	Rothwild.		Dammwild.		Schwarzwild.		Rehe.	Fasanen.	Hasen.	Füchse.	Verschiedene	Summa
	Hirsche	Wild	Schaufler	Wild	grobe S.	geringe S.						

34 g

73

Motive aus den Donau-Auen in dem auf Initiative des Kronprinzen geschaffenen Werk „Die österreichisch-ungarische Monarchie in Wort und Bild".

tischer Beziehung zur Geschichte der volkstümlichen Wiener Musik. Rudolfs Vorliebe für jene Zerstreuungen, die der Wiener „Gaudi" nennt, ist bekannt. In diesem fidelen Genre fühlte er sich am wohlsten, wenn er Ablenkung von seinen Problemen suchte. Im November 1887 kam er also wieder einmal nach Orth, in Gesellschaft der Kronprinzessin, seines Schwagers Prinz Leopold von Bayern, seines Cousins Franz Ferdinand, der Prinzen Philipp und August von Coburg und und des Grafen Alfred Potocki.

Als Berater des Kronprinzen in einschlägigen musikalischen Fragen fungierte kein geringerer als der Komponist Carl Michael Ziehrer, der sich auf diesem Gebiet genau auskannte. Denn für die abendliche Unterhaltung im Schloß nach den Reviergängen wünschte sich Rudolf Koryphäen ihres Faches. Und das waren damals die Brüder Schrammel mit ihrem Quartett. Also wurden die vier Herren nach Orth engagiert, um dort aufzuspielen, dazu der auch für seine urwüchsigen musikalischen Darbietungen renommierte Wiener Fiaker Joseph Bratfisch und ein paar beliebte Volkssänger aus dem Grinzinger Heurigenmilieu. Eigens für diesen Anlaß komponierte Joseph Schram-

In der Musiksammlung der Wiener Stadt- und Landesbibliothek aufzufinden: die Noten der durch Orth inspirierten Schrammel-Kompositionen.

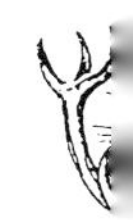

mel einen Walzer mit dem Titel „Die Rose von Orth". Mit diesem poetischen Vergleich war die Kronprinzessin gemeint, der das Musikstück auch gewidmet wurde. Bruder Johann indes ließ sich vom Waidmannsheil des hohen Herrn, der am 15. November in den Donauauen einen kapitalen Sechzehnender erlegte, zu dem Marsch „Jagd-Abenteuer" inspirieren.

Damals in Orth scheint zwischen dem Kronprinzen und Bratfisch jener Kontakt entstanden zu sein, der bald zu einem Vertrauensverhältnis besonderer Art gedieh. Rudolf machte den sangesfreudigen und bei allem Respekt recht offenherzigen Rosselenker zu seinem

Der „alte Kasten“, das Schloß Orth, fand vorwiegend als Zentrum der Gutsverwaltung Anwert.

Leibfiaker. Das war natürlich, fernab jeglichen höfischen Schemas, eine Privatsache des Kronprinzen, denn er wußte es zu schätzen, wenn ein Mensch nur ihm allein verpflichtet und treu ergeben war …

Eckartsau
im Zeichen der Diana

Die ansehnliche Erbschaft von einer lothringischen Tante hatte es Kaiser Franz I. 1760 ermöglicht, das im Marchfeld gelegene Schloß Eckartsau zu erwerben. Ein verständlicher Entschluß, denn aus der inmitten wildreicher Reviere gelegenen ehemaligen Wasserburg war unter der Ägide des böhmischen Hofkanzlers Franz Ferdinand Graf Kinsky nach 1720 ein wunderschöner, ebenso repräsentativer wie der Landschaft angepaßter Barockbau geworden. Die Entwürfe dazu hatte Josef Emanuel Fischer von Erlach geliefert, der Sohn des genialen Johann Bernhard. Die Überlieferung besagt, damals hätten in jenem Gebiet ein einzelner großer Herr und zwei Aristokratenfamilien puncto Bautätigkeit einander zu übertreffen getrachtet: Prinz Eugen, der seine Sommerresidenzen Schloßhof und Niederweiden errichtete, die Pálffys in Marchegg und eben Kinsky in Eckartsau. Ein edler Wettstreit, der das Marchfeld zu einer besonderen Kultursphäre Österreichs machte, einem Bereich der „großen Sommer des Vaterlandes", wie es viel später der Dichter Gerhard Fritsch nannte.
Dabei war der Standort eigentlich nicht günstig gewählt: das sumpfige Gelände der Donauauen und die Hochwasser des Stromes brachten immer wieder kritische Situationen, im Mauerwerk entstanden tiefe Risse. Dies war wohl einer der Gründe, warum Eckartsau nach dem Tod Franz I. trotz der Pracht seiner Räume bei den Habsburgern nicht

Kaiser Franz Joseph und der englische König Eduard VII. nach der Hofjagd in der Lobau, am 2. September 1903.

Vorhergehende Seite: Erzherzog Franz Ferdinand mit seinem 1000. erlegten Hirsch 1897 in den Auen bei Petronell.

Das Eckartsauer Revier stand ursprünglich Kronprinz Rudolf zur jagdlichen Nutzung frei. Nach dessen Tod trug man dem Kaiser die von den Bauern geltend gemachten Wildschadensvergütungen vor. Und nun erfuhr der Thronfolger, daß über „Allerhöchsten Befehl" alles Hochwild abgeschossen werden solle. Und zwar vom Jagdpersonal. Hier ortete er eine neue Möglichkeit und reagierte doppelbödig. Er bat den Kaiser um Erlaubnis, auch am Abschuß teilnehmen zu dürfen. Franz Joseph gewährte ihm diese Bitte. Für den Familienfond hatte er eine andere Variante parat: Laut kaiserlicher Erlaubnis werde er den gesamten Abschuß tätigen. – Mit dieser Diplomatie eines Taschenspielers erreichte er gleichsam die eigene „Jagdgewalt" über dieses herrliche Aurevier.

Die Ostfassade des Schlosses nach der Umgestaltung.

Korridor im 1. Stock.

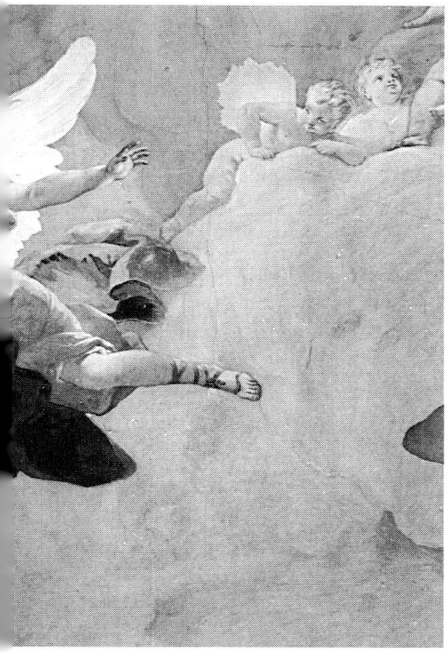

mehr den Anwert fand, den es verdient hätte. Während der francisceischen Ära, nach 1820, sah sich die Verwaltung des kaiserlichen Familienfonds sogar genötigt, wegen bedenklicher Schäden die Obergeschoße des Süd – und des Oststraktes abtragen zu lassen. Eckartsau, nach den Worten des guten Kaisers Franz „schön zug'richt," blieb ein Torso, bis der Thronfolger Erzherzog Franz Ferdinand, der vom Oberstjägermeisteramt die Jagden im Lainzer Tiergarten, in der Lobau und in Orth erwarb, durch den Wiener Architekten Viktor Siedek den Ost- und den Südtrakt barockisierend neu gestalten ließ, im stilistischen Einklang mit dem Altbestand. Auch hier im Marchfeld dokumentierte sich also seine Passion fürs „Schlössersammeln", zeigte sich jenes merkwürdige Spannungsverhältnis zwischen unstetem Wechsel

Daniel Grans Deckenfresko im Großen Saal zeigt in reicher barocker Allegorie die Göttin Diana und ihr Gefolge.

Nachfolgende Doppelseite: Phantasievoll variierte Gran das Motiv barocker Ars Venandi und ihrer Symbole.

Für den Thronfolger wurden die Wohnräume in Eckartsau nach seinem konservativen Geschmack eingerichtet.

Phantasievoll variierte Gran das Motiv barocker Ars Venandi und ihrer Symbole.

und dem Streben nach Seßhaftigkeit, das einen deutlich ausgeprägten Wesenszug dieses problematischen Habsburgers bildete. Seine Privaträume, mit dem Gefühl für Traditionen im Stil damaliger Landschlösser und feudaler Jagdhäuser eingerichtet, boten alle Möglichkeiten für häufige Aufenthalte. Am 23. September 1902 erlegte er im Eckartsauer Revier seinen zweitausendsten Hirsch, einen starken Achtzehnender – nach Franz Ferdinands Auffassung ein ganz großes Ereignis in einem Jägerleben.

Wie überall in seinen Revieren betrieb er planmäßige, intensive Hege, was auch hier einen erheblichen Anstieg des Rotwildbestandes zur Folge hatte. Nun könnte man einwenden, dies sei daraus zu erklären, daß er sich a priori Rekord-Strecken zu sichern gedachte. Oder anders gesagt: Er wollte durch seine Maßnahmen die Gewähr schaffen, daß ihm dann möglichst viele kapitale Stücke vor die Mündung kämen. Dazu sein heutiger Biograph Gerd Holler: „Er war mißtrauisch, weil er immer glaubte, ihm werde eine besonders einträgliche Jagd vorenthalten. Über die pathologische Schießwut des Erzherzogs wurde bereits sehr viel geschrieben, wobei er immer als Töter aus Leidenschaft hingestellt wird. Dazu ist meiner Meinung nach zu sagen, daß die hohen Herrschaften damals nicht weniger ‚geballert' hatten. So findet sich im Nachlaß des Erzherzogs ein Brief, in dem ihm die Erzherzogin Isabella (die Gemahlin Erzherzog Friedrichs) mitteilte, daß bei ihnen in Seelowitz Jagd war, wo ‚vorgestern 1.050 und gestern 1.150 Stück Wild erlegt wurden'."

Der letzte Habsburger, unter dessen Ägide in Eckartsau einige Hirsche geschossen wurden, war Kaiser Karl – zu einem Zeitpunkt, als er bereits kein regierender Monarch mehr war. Und da ging es nicht mehr um das edle Waidwerk, sondern um die Eigenversorgung der Bewohner mit Wildpret in drückender Notlage. Am 11. November 1918 hatte Karl in Schönbrunn jene Erklärung unterzeichnet, mit der er „auf jeden Anteil an den Staatsgeschäften verzichtete." Diese kluge Formulierung, mit der eine definitive Abdankung vermieden wurde, stammte vom letzten kaiserlichen Sozialminister Prälat Dr. Ignaz Seipel, dem späteren Bundeskanzler und führenden Kopf der Christlichsozialen in der I. Republik. Noch am selben Abend verließ Karl mit seiner Familie und kleinem Gefolge Schönbrunn und fuhr nach Eckartsau, auf einer Route über Nebenstrecken, um keine Zwischenfälle heraufzubeschwören. Aber dieser Exodus ging de facto unbemerkt vor sich. Der Monarch zählte einfach nicht mehr, war binnen weniger Stunden fast zur Unperson geworden.

Trotz seiner Pracht war das Schloß da draußen östlich der Stadt nun ein trister Aufenthaltsort. Die Räume konnten nur notdürftig beheizt werden, es herrschte Mangel an allem. Schon am 13. November übergab der Entthronte einer Delegation aus Budapest eine gleichartige Verzichtserklärung für das Königreich Ungarn. Monate vergingen in einem fast gespenstischen Schwebezustand über dem Boden der Realität. Im Februar 1919 teilte die Britische Militärmission in Wien auf Wunsch König Georgs V. dem isolierten Kaiserpaar an seinem Schattenhof einen Begleitoffizier zu oder, wie man es nannte, einen „Ehrenkavalier": den polyglotten Oberstleutnant Edward Lisle Strutt. Auf ihn paßte dieses Wort aus dem *Ancien régime,* denn er war ein Mann wahrhaft vornehmen Charakters und ritterlicher Gesinnung, dessen Tagebuchaufzeichnungen aus jener Zeit Aufschluß über die Verhält-

Das Hirschhaupt und der Erker im Innenhof stammen aus der Ära des Thronfolgers. Er schätzte Anklänge an den „Reichsstil" der Epochen Karl VI. und Maria Theresias.

nisse und Ereignisse geben. Strutt wurde Zeuge und zugleich Akteur im letzten Akt des Dramas um den jungen Monarchen. Eckartsau konnte nur eine Zwischenstation sein, auf längere Sicht eröffnete sich gemäß den kürzlich erlassenen Habsburgergesetzen nur die Alternative entweder ausdrücklicher Abdankung und des Bekenntnisses als loyaler Staatsbürger der Republik oder des Exils im Ausland. Spontan bestärkte Kaiserin Zita ihren Gemahl in dem Entschluß, sich nicht zu beugen. Die Schweiz war bereit, die Familie aufzunehmen. E i n e Bedingung stellte Karl: Er wollte „als Kaiser abgehen, und nicht wie ein Dieb in der Nacht". Am 25. März 1919 verabschiedete sich das Paar von Eckartsau mit einer Messe in der Schloßkapelle, bei der sein kaum siebenjähriger Sohn Otto ministrierte. Noch einmal erklang die Volkshymne, deren im Chor gesungener Text schon dem Reich der Erinerungen angehörte. Im hohen Treppenhaus hatten sich Personal, Revierjäger und Bauern aus der Gegend versammelt – das Gebiet galt als noch immer kaisertreu –, um den Scheidenden ihren Gruß zu entbieten. Ein Lebewohl oder ein Auf Wiedersehen? Alles lag im Zwielicht. Der Weg führte zur nahen Bahnstation Kopfstetten, wo eine Sonderzugsgarnitur bereitstand, ein von der jungen Republik zur Verfügung gestellter „Kaiserzug". Als er kurz nach sieben Uhr abends anrollte, in die Dunkelheit und den Regen einem fernen, fremden Ziel entgegen, da hörte Oberstleutnant Strutt, wie sein neben ihm am Waggonfenster stehender Schutzbefohlener leise sagte: „Nach siebenhundert Jahren ..."

Kaiser Wilhelm II. (links) als Jagdgast seines persönlichen Freundes Franz Ferdinand in Eckartsau.

Ischl

„Meine Jagd" nannte es der Kaiser

Ein vergilbtes Fragment der „Salzburger Nachrichten“ vom 17. August 1956 trägt den schlichten, in Fraktur der Jahrhundertwende gesetzten Titel: „Kaiser Franz Josef als Jäger.“

Dem Verfasser, selbst ein fermer Waidmann und ein „Österreicher des alten Schlages“, schien viel daran gelegen, seinem weiland Allerhöchsten Jagdherrn – man beachte das Datum – zu huldigen. In wohlwollender Objektivität entwirft er ein durchaus dichtes, gehaltvolles Porträt des Kaisers, ohne sich jedoch der Diktion zu befleißigen, die noch zu Lebzeiten des Monarchen diesen als allzu treuherzig darstellte. Wohl ist zweifelsfrei ersichtlich, daß jener Herr die gleichen zeitgenössischen Quellen zu Rate zog wie auch die Autoren dieses Buches, doch flicht er persönliche Momente ein und trachtet so, manch hartnäckige Überlieferung zu entkräften, wie etwa „die Mär von der einstigen Vorliebe des Kaisers für die Virginier-Zigarre. In Kawang (beim Grafen Silva-Tarouca) konnte man verläßliche Gewährsmänner über dieses Thema interviewen.“

Tatsächlich wird dieses markante Attribut einstiger Wiener Vorstadtfeschaks und Deutschmeister-Korporale als Lieblingszigarre Franz Josephs erwähnt. Später soll dieser, auf Empfehlung seines Leibarztes Dr. Widerhofer, die eigens für den Monarchen geschaffene „Regalia Media“ geraucht haben, eine Marke, die auch heute noch in Trafiken feilgeboten wird. Es erhebt sich also die Frage: Ist die Sache mit der Virginier eine bewußt kolportierte „Geschichtslüge“? Nun, der Verfasser dieses Kapitels ist geneigt, den anno 1919 erschienen „Erinnerungen und Schilderungen aus den nachgelassenen Papieren eines persönlichen Beraters“ Glauben zu schenken. Wenn nämlich Franz Joseph sich diesem harmlosen Genuß hingab, dann in würdigem Rahmen und zu eben einem solchen Anlaß: „Nur einmal im Jahr kehrte er zur geliebten Virginierzigarre zurück, nach dem Familiendiner an seinem Geburtstage. Sein Schwiegersohn, Prinz Leopold von Bayern, verehrte ihm als Angebinde regelmäßig ein exquisites Exemplar dieser Sorte und er pflegte sie ihm auch mit zeremonieller Behutsamkeit anzuzünden.“ Zieht man nun in Betracht, daß diese Diners pünktlich für halb drei Uhr nachmittags angesetzt waren, so darf man annehmen, daß sich am späteren Nachmittag der Duft des Präsentes, von graublauen Schwaden begleitet, im Rauchzimmer verbreitete.

Diese vollendete Höflichkeit war dem Sohn des allseits beliebten, originellen Prinzregenten Luitpold nicht nur seinem Schwiegervater gegenüber zu eigen, sondern er zeigte sich im allgemeinen durchaus leutselig und liebenswert. Seine Konversation verriet gediegene Bildung und hob sich angenehm von den üblichen banalen Gesprächen ab. Und – was für den Kaiser besonders zählte: Er war ein guter Soldat. Im Deutsch-Französichen Krieg 1870 bewies er große Tapferkeit, als er mit lediglich vier einsatzbereiten Geschützen am 1. Dezember bei Vilpion die Truppen des Generals Juarés siegreich zurückschlug, trotz einer vorher durch einen Granatsplitter erlittenen Verwundung am Bein. Diese Blessur ersah man schon an seinem Gang, sie hinderte ihn jedoch keineswegs in seiner „Gebirgstauglichkeit“.

Wenn Prinz Leopold auch der liebste Waidgefährte Franz Josephs war, bot die kaiserliche Villa in Ischl doch zuwenig Raum, um die Wittelsbacher zu berherbergen. Für gewöhnlich logierten sie mit ihrem

Vorhergehende Seite
Die Kaiservilla im ursprünglichen Zustand 1836, auf einem Gemälde von Thomas Ender.

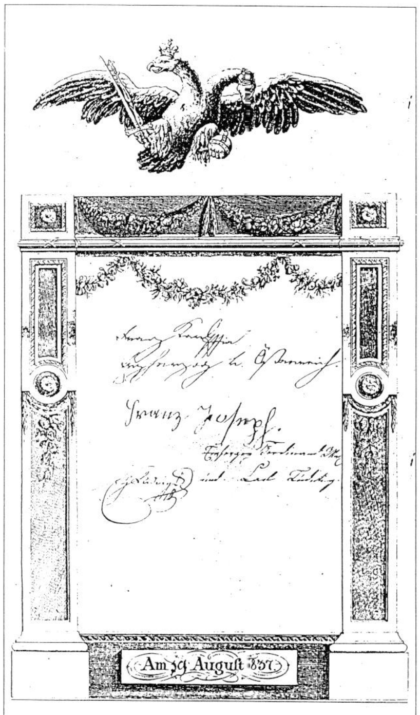

Kaiser Franz Joseph mit Jagdgesellschaft in Offensee, Herbst 1864. Eine jener damals beliebten bildlichen „Anwesenheitslisten".

1837 trug sich der damals siebenjährige Franz Joseph ins „Denkbuch" der „Chorinskyklause" in Goisern ein.

Präzise, wie es der Allerhöchste Waidmann schätzte, waren die Einladungen zu Hofjagden.

ALLERHÖCHSTE EINLADUNG

Hochwild und Gemsjagd „ im Thal " am 26. 8. 1912

Frühstück in der Schwimmschule: vor 1/4 4 h früh

~~Déjeuner dînatoire~~ / ~~Dîner~~ } ~~in der kaiserl. Villa~~

Abfahrt: { mit Bahn: 1/2 4 h / ~~Wagen~~

Triebanfang: 6 h früh

Triebdauer: 2 1/2 Stunden

Rückkunft nach Ischl zirka: 10 h Vormittags

Gewehre zum Wächterhause bis spätestens: 25 ten Abends

Gefolge, „in dem sich selbstredend auch Hofdamen befanden", in der Griesvilla am rechten Traunufer. Diese Hofdamen waren nun „im Gegensatz zu jenen der Erzherzogin Valerie jung und hübsch – darin lag für Junggesellen eine gewisse Gefahr", wie Ludwig von Höhnel, einer der Flügeladjutanten, feststellt.
Sobald sich nun der Prinz in Ischl samt seinen Söhnen einfand, konnte man gewiß sein, daß sich über mehrere Wochen, zumeist aber den ganzen August ein Jagdtag an den anderen reihte, zumal ja der achtzehnte dieses Monats mit dem Geburtstag des Allerhöchsten Jagdherrn einen willkommenen Anlaß bot, dem man gern beiwohnen wollte. In dieser Zeit der Ischler Séjours „hatte man jetzt keine ungestörte Nachtruhe mehr und spürte das Vergnügen schließlich in allen Gliedern. Der Kaiser nahm nur ab und zu daran teil, schützte öfter Arbeit vor, ich staunte aber, daß die anderen doch meist betagten Herren so gut durchhielten, hatte diese deshalb stark in Verdacht, daß sie am Schützenstand an Schlaf nachholten, was ihnen während der Nacht entgangen war ...", vermerkt Höhnel, der zwar selbst kein „leidenschaftlicher" Waidmann, aber ebenso zu allen Jagden geladen war wie der passioniertere Hofrat Doktor Kerzl, der ehemalige Assistent des virginierverwehrenden Doktor Hermann Widerhofer, welcher nun seit geraumer Zeit einer eigenen Klinik vorstand. Sogar ein gewisser Zrunek, ein ambitionierter, waidfroher Kammerdiener, wurde dieser Möglichkeit teilhaftig, dabei kam er übrigens nie zu kurz.
Das Frühstück nahm die versammelte Gesellschaft in einem abseits der Villa gelegenen Holzpavillon ein, um die Damen nicht zu stören. Gegen ein oder zwei Uhr morgens bestieg man dann die Hofkutsche,

Das Ziel war das Weißenbachtal.

Stand des Kaisers auf dem Grünberg bei Offensee.

um in die näheren Reviere zu gelangen, die entlegenen erreichte man mit dem Seperatzug, vorausgesetzt, die Witterung ließ es zu, denn Gebirgsreviere mit ihrem wetterwendischen Trotz entziehen sich nur allzugern jeglicher Disposition. So mußte die zum Frühstück versammelte Korona stets gewärtig sein, daß der Allerhöchste Jagdherr, soeben von einer telegraphischen oder fernmündlichen Nachricht ereilt, seinen erwartungsvollen Gästen mitteilte: „Die Treiber können wegen des Nebels sich in den Wänden nicht ohne Lebensgefahr fortbewegen. Geht jetzt nach Hause, die Jagd wird nicht abgehalten, sie wird ein anderes Mal stattfinden. Ich gehe an die Arbeit." So wie er war, in der Joppe und seiner würdigen kurzen Gamsledernen, begab er sich unter dem feinen Ticken seiner genagelten Goiserer forschen Schrittes in sein Arbeitszimmer. Der Tag nahm eben einen anderen Verlauf, in den er sich fügte. Insgeheim, ohne jedoch durch eine Regung seine Stimmung zu verraten – dazu hatte er sich zu sehr in der Gewalt – mochte er sich durch Widernisse dieser Art als glattweg torpediert betrachtet haben. Nicht der vereitelten Jagd wegen, die wog er ohnehin jedes Mal einzeln und aufs Gramm genau mit seiner Arbeit ab. Des öfteren erwies sich die Pflicht als gewichtiger, aber sein Regelwerk geriet damit gleichsam außer Tritt, insbesondere, als davon bereits beschlossene Rendezvous mit der auch in Ischl verfügbaren Frau Schratt betroffen waren.

Solcherlei Unbequemlichkeit ließen den Kaiser terminliche Rochaden vollführen, zumal die „Gnädige Frau", so gewinnt man den Eindruck, im Rahmen des Ischler Séjours doch an dritter Stelle zu rangieren scheint. „Ich melde, daß die heute früh durch den Regen verhinderte

Jagd für morgen früh angesagt wurde. Sollte es daher schön werden, so könnte ich Ihnen leider morgen früh meine Aufwartung nicht machen, und ich würde, wenn Sie mir keinen Gegenbefehl geben, morgen nachmittag um 1/2 6 Uhr zu Ihnen kommen. Sollte die Jagd wegen schlechten Wetters wieder nicht stattfinden können, so gestatten Sie mir vielleicht, morgen früh um 7 Uhr zu erscheinen." Und ein anderes Mal: „Verzeihen Sie die frühe Stunde, welche mir darum angenehm wäre, weil ich um 3/4 auf 12 Uhr mit meinen Jagdgästen in das Aurachthal fahre, um die heurige erste Jagd abzuhalten und ich früher die Arbeiten wenigstens theilweise erledigen möchte, welche mir der Kurier um 1/2 8 Uhr bringt..."

Wenn er auch die einsame Pirsch oder den einzelnen Ansitz bevorzugte, so freute er sich nicht minder als seine Gäste auf ein gedeihliches Waidwerk im intimen Kreise, bei dem er wahrlich mit einigem aufwarten konnte. Und nicht nur ihnen, wie Arthur Achleitner feststellte: „Wer das Gelände von Ebensee nach Bad Ischl mit der Eisenbahn durchfährt, sieht zu beiden Seiten der Schienen Waldberge, die nichts Besonderes bieten und von Passanten todsicher hinsichtlich Figuration und Höhe unterschätzt werden. Dennoch sind diese den Schienenstrang flankierenden und bis Ischl begleitenden Berge steil und, weil viel Wild beherbergend, sehr interessant. Seitentälchen in strammen Steigungen führen in das Allerheiligste der Reviere, in ideal schöne, brillant gelegene Wildkammern, in die ‚Kinderzimmer' von Hochwild und Gams. Schon die mit Rufzeichen garnierten Bemerkungen in den Reisehandbüchern: ‚Sehr lohnend', ‚großartig', ‚prächtig' usf., lassen alpine Wunder ahnen und animieren, zum Unbehagen der Jägerei, zum Besuche. Wie Pilze stehen die fashionabelsten Kurorte und eleganten Sommerfrischeorte nebeneinander. Demgemäß bringen die Monate der warmen Jahreszeit viel Publikum, das zwar von Jagd und Waidwerk nichts versteht, sich aber mächtig interessiert, wo der Kaiser jagt, Unruhe bringt und der Jagdleitung die Pflichterfüllung

Schuß-Liste

über das bei den Allerhöchsten Hofjagden in Mürzsteg, Frein und Neuberg vom 27. September bis 2. Oktober 1909 erlegte Wild.

Namen der Allh. u. hohen Herren Schützen.		Hochwild									Gams			Rehböcke	Füchse
		Hirsche							Tiere	Kälber	Böcke	Geisen	Kitze		
		Ender					Gabler	Spiesser							
		14	12	10	8	6									
Se kgl. H. Prinz Leopold v. B.	Treiben	1	1	1	5	2	1	1	2	·	8	3	·	·	·
	Pürschen	·	1	2	·	1	·	·	·	·	·	·	·	·	·
Se kgl. H. Prinz Georg v. B.	Treiben	·	·	2	1	·	·	·	6	2	7	5	·	·	·
	Pürschen	·	1	2	2	·	·	·	·	·	·	·	·	·	·
Se k. u. k. H. Erzh. Franz Salvator	Treiben	·	·	1	1	1	·	1	3	·	4	8	·	·	1

Den alljährlichen sieben- bis achtwöchentlichen Sommeraufenthalt in der Ischler Villa am Fuße des Jainzen nennt der Kaiser seinen „Urlaub". Zahllose schöne, aber auch so manche schmerzliche Erinnerungen knüpfen sich für ihn an die Ischler Villa, die der Kaiser kurzweg sein „Jagdhaus" nennt... Man muß das lauschige Waldheim besucht haben, um des Kaisers Vorliebe für Einfachheit kennen zu lernen. Der Kontrast zwischen der fast altväterisch anspruchslosen Ausstattung der vom Kaiser benützten Gemächer und der Einrichtung der übrigen Appartements, die zu Repräsentationszwecken oder als Wohnräume für die Familie oder Gäste dienen, fällt jedem Besucher sofort auf. Wer das Arbeitszimmer des Monarchen mit den aus dem Besitze seiner Eltern herrührenden braunen, einfach geformten Mahagonimöbeln betritt, legt sich unwillkürlich nach kurzer Umschau die Frage vor: „Da arbeitet ein Kaiser?..." Bis auf ein entzückendes Pastellbildchen mit den Köpfen seiner Enkelkinder, das an der in das Schlafgemach führenden Tapetentüre hängt, ist fast alles in diesem Zimmer alter Hausrat, der dem Raum einen unsagbar traulichen Charakter verleiht.

Im Schlafzimmer des Monarchen, das, wenn möglich, noch einfacher als das Arbeitsgemach eingerichtet ist, fällt zunächst das Bett auf, das selbst den Anforderungen manches Kompagniekommandanten nicht entsprechen dürfte. Neben dem bescheidenen eisernen Bett mit einem ebenso bescheidenen braunen Überwurf erhebt sich als vielleicht luxuriösestes Stück in diesem Kaiserzimmer der Betschemel. Der wertvollste Schmuck dieses Zimmers ist ein niedliches Aquarellbild, das eine Waldschnepfe darstellt. Im rechten unteren Winkel des hübschen Bildchens liest man in markigen Zügen den Namen „Rudolph" und die Jahreszahl „1875"...

Das dritte dem persönlichen Gebrauch des Monarchen dienende Zimmer ist das sogenannte Audienzzimmer, in welchem der Kaiser die Vorträge der nach Ischl kommenden Minister anhört.

Man weiß, daß die Gemächer, die für den Empfang von Fürstlichkeiten oder als Wohnungen für die kaiserliche Familie bestimmt sind, in dem bekannten Genre aller kaiserlichen Schlösser ausgestattet sind. Weniger bekannt dürfte es sein, daß das Boudoir der Kaiserin auf Befehl des Kaisers auch heute noch in dem Zustand erhalten ist, in dem es sich befand, als die hochsinnige Fürstin zum letzten Male in Ischl weilte. Das entzückende Gemach zieren zwei große Paravents mit zahllosen Photographien der Kinder des Kaiserpaares, zwei kunstvolle Photographien der Freundin der verewigten Kaiserin, der Dichterin auf Rumäniens Königsthron, und der Gräfin Trani.

Die „Kaiserjoppe", wie sie der „Alte Herr" all die Jahrzehnte so gern trug, hier noch anno 1910, kommt nun wieder in Mode.

manchmal sauer macht. Ein wahres Glück ist es, daß der herzensgute Monarch anders und milder denkt als ich alter Federfuchser und Erzwaidmann, der als Jagdherr erbarmungslos diese Idealreviere absperren würde. In kleinem Umfange wird nur jeweils der Bogen, in dem für den Allerhöchsten Gebieter auf Hirsch geriegelt wird oder wo Majestät ansitzt bzw. auf einen Kapitalen pirscht, abgestellt und jedes Eindringen neugieriger Gaffer verwehrt. Sonst aber gibt die unerschöpfliche Güte des vielgeliebten Monarchen Weg und Steig den Wanderlustigen frei. So ist der Besuch des prächtigen über 11.000 ha großen Revieres Offensee in wundersamer Waldherrlichkeit unbenommen, wie auch Sommerfrischler und Touristen die beiden Langbathseen in märchenhafter Bergumrahmung bevölkern können, wenn nicht just dort gewaidwerkt wird.“

Die meisten Jagdzüge hat der Monarch von der Ischler Villa aus unternommen, und keines der kaiserlichen Jagdhäuser birgt so viele Jagderinnerungen und Trophäen. In allen Korridoren sind diese Trophäen, nach Jahrgängen geordnet, angebracht, nahezu dreitausend, darunter sehr seltene Exemplare: eine weiße Gemse, ein Bär von einer nordischen Hofjagd; auch der goldene Bruch, den Österreichs Jägerei durch Erzherzog Franz Ferdinand ihrem ersten Jagdherrn bei dem fünfzigjährigen Jubiläum überreichen ließ, schmückt eine Wand.

Die Kaiservilla anno 1909, aus einem zeitgenössischen Bericht von Eugen Baron d’Albon.

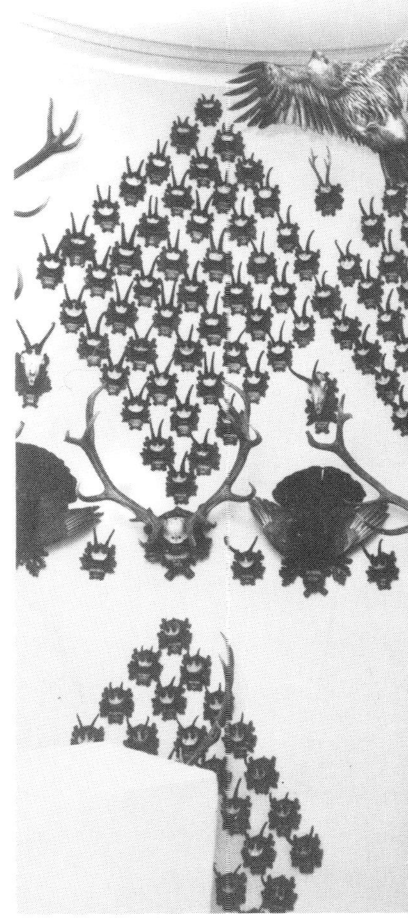

Eingang durch das Roßloch ins Revier bei Scheiterboden.

Das waren also die gepriesenen Salzkammergut-Reviere, deren offizieller Titel übrigens „Hofjagd Ebensee" lautete. „Meine Jagd", pflegte der Monarch bescheiden dieses Gebiet zu nennen, zu dem er eine besonders innige Zuneigung empfand. Vielleicht auch, weil es Reminiszenzen seiner Jugend hervorrief: Unweit von Ischl, auf der „Hohen Schrott" erlegte er ja als Dreizehnjähriger seine erste Gams. Schließlich hatte schon sein Vater, Erzherzog Franz Karl gemeinsam mit Erzherzog Ludwig, dem jüngeren Bruder Erzherzog Johanns, seit den Vierzigerjahren eine Jagd im Kammergut inne.
Oftmals wird angenommen, diese prachtvollen Jagdböden in solchem Ausmaß „gehörten" dem Kaiser persönlich. Tatsächlich jedoch standen lediglich ganze 150 Hektar, vorwiegend der Jainzenberg nördlich von Ischl und die ab 1869 privat angekauften Jagdhäuser nebst

Trophäen, im Stiegenhaus der Kaiservilla dekorativ arrangiert.

Der „Loser" (Lauscher) mit seinen Jagdhunden stammt aus England. Die Plastik vor der Kaiservilla war ein Geschenk der Königin Viktoria.

umliegender Wiesen im Grundeigentum Franz Josephs. Der überwältigende Rest wurde im Laufe der Jahre hinzugepachtet. Dieses Areal wies laut einer Wildstandszählung von 1912 2.900 Stück Rotwild, 2.500 Stück Gams und 780 Rehe auf. Erlegt wurden im gleichen Jahr vom Kaiser, seinen Gästen und vom Personal an die 400 Stück Rotwild, davon 90 jagdbare und 40 geringe Hirsche, 150 Gams- und 50 Rehböcke, also an heutigen Begriffen gemessen ein ausgesprochen geringer Prozentsatz, der obendrein verdeutlicht, daß „Schießertum" durchaus nicht üblich war.

Die Gamsreviere aus der romantischen Sicht des Malers Friedrich Gauermann.

Franz Joseph erwies sich nun auch als profunder, praxisorientierter Kenner seiner Reviere. Er wußte, wen er wo auf der von Hofjagdleiter Hofrat Böhm vorgelegten Planskizze eintragen würde, und was der Schütze erwarten könne. Die Zuteilung der Stände lag ganz im Ermessen des Allerhöchsten Jagdherrn, und nicht immer war der mit „ich" bezeichnete auch der Beste. Er verzichtete oft zugunsten eines hochrangigen oder geschätzten Gastes auf dieses „Privileg". Schußneidig, nein, das war er nicht.

Hingegen mischte sich gelegentlich das eine oder andere mit dieser Eigenschaft ausgestattete Subjekt unter die Waidmannsrunde, wie Erzherzog Joseph zu berichten wußte. Dieser, der ungarischen Palatinatslinie zugehörig, war auch alljährlich zu des Kaisers Geburtstag anzu-

Nachfolgende Doppelseite: Die Ischler Kaiservilla um 1910.

Die Kaiserlichen Jagdhäuser in Radmer (oben) und in Offensee (unten) entsprachen, ohne besonderen Aufwand, dem damaligen Stil großbürgerlicher Landsitze.

treffen. Wir werden ihm noch in Gödöllö begegnen und ihn auch dort, in seiner Heimat, näher bekannt machen.
Nun, es war eine Gamsjagd in der wilden Felsenszenerie im „Gschirr", die ihn mit dem „gefährlichen Nachbarn" zusammenbrachte. Erzherzog Joseph hatte Waidmannsheil und befestigte an den Gamskrucken bereits sein farbiges Bändchen. In Ischl bediente man sich verschiedenfarbiger Bänder, um Verwechslungen auszuschließen. Ebenso wurde die Strecke gleichsam nach „Farben" gelegt, also nach Schützen und nicht, wie allgemein üblich, nach Wildarten. „Als wir nach diesem wunderschönen Trieb zusammenkamen, war mein Schwiegervater (Prinz Leopold von Bayern, Anm. d. Autors) der erste, der mich fragte,

Der Kaiser nach einer Jagd bei Offensee, auf den Wagen wartend.

Diplomatie auf höchster Ebene in der Ischler Kaiservilla: das Galadiner zu Ehren König Eduards VII. am 15. August 1907.

was ich geschossen hätte. Wahrheitsgetreu antwortete ich: ‚Fünf Gemsen – aber der Nachbar hat zwei wegtragen lassen. Die alte Exzellenz hat aber überhaupt nicht auf diese zwei geschossen, es waren zwei alte Geißen.' ‚Ich bitte dich! Lasse sie ihm, er würde nicht dulden, daß seine Behauptung bezweifelt wird. Machen wir lieber Seiner Majestät keine Unannehmlichkeit! Du wirst ja noch manche Gemse hier schießen können'. Selbstverständlich wollte ich nichts weiter sagen. Ich hatte nicht geahnt, daß der Kaiser mein rechter Nachbar war, der alles gesehen hatte. Er fragte mich:
‚Du hast doch fünf Gemsen geschossen?' Was sollte ich ihm antworten? Ich schwieg. Aber der Kaiser rief meinen Holzknecht heran und fragte ihn: ‚Wo sind die zwei Gemsen, die der Erzherzog aus der Wand geschossen hat?' Der ging zu den beiden gelb bezeichneten und

zeigte sie dem Kaiser. Da meldete der gefährliche Nachbar: ‚Man hat sie irrtümlich zu meinem Stand gebracht.' Franz Joseph sah flüchtig zu ihm hin und meinte: ‚Schon wieder?' Dann wandte er sich ab, nachdem er noch befohlen hatte, mein Band anzubinden. Sichtlich verärgert ritt er weg und sprach kein Wort mehr. Als wir abstiegen, rief er mich zu sich: ‚Jóska' – so nannte er mich – ‚komm her! Verzeih dem alten Herrn. Seine Passion ist unbegrenzt!' Ich bat ihn, ihm die zwei Gemsen zu lassen, worauf er zur Antwort gab: ‚Was denn nicht gar!'"
Seine Majestät war eben ein gestrenger, aber gerechter Jagdherr.
Die Disziplin, der er sich unterwarf, verlangte er auch von seinen Gästen. Des „Dienstes immer gleichgestellte Uhr" übertrug ihren Rhythmus auch auf die Organisation aller Treib- und Riegeljagden. „Alles mußte auf die Minute klappen. Es schien einem oft unfaßbar, um achteinhalb Uhr früh schon wieder daheim zu sein, nachdem man wenige Stunden zuvor noch fernab im Bereiche scheuen Hochwildes würzige Latschenluft geatmet hatte…" stellte Ludwig von Höhnel fest, den „auch das Abgezirkelte und die Eile, in welcher die Jagden vor sich gingen, nicht ganz sympathisch berührte." Sollte das alles – gegen jede Überlieferung – „Waidgeselligkeit aus dem Schematismus" gewesen sein? Zweifellos galt es einiges zu beachten, hatte man die Ehre, mit Seiner Majestät waidwerken zu dürfen – heute ist es nicht anders. Dazu zählten auch die Äußerlichkeiten, die strikt einzuhalten waren,

Souvenir aus Offensee: Das sinnige Gedicht schrieb Erzherzogin Marie Valerie.

wie etwa die Gewandung. „Sie mußte sich möglichst an die landesübliche Tracht anlehnen. Stark genagelte Goiserer Bergschuhe, grobe Wadenstrümpfe, bloße Knie, kurze Gamslederne, dazu eine Tirolerjoppe mit Hirschhornknöpfen, eine grellfarbige Halsbinde und ein graugrünes Jägerhüatl waren de rigeur; der Knicker, Rucksack, Alpenstock und ein einläufiger Jagdstutzen vervollständigten die Ausrüstung. So angetan wurde selbst das Diner im Beisein der Erzherzoginnen und Hofdamen eingenommen, was ab und zu der Fall war, wenn es erst am Nachmittag hinausging. Da mögen die verwöhnten Näschen sich durch die tranigen Schuhe und speckigen Gamsledernen nicht selten beleidigt gefühlt haben. Man fügte sich indes gerne den kaiserlichen Wünschen".

In dieser Adjustierung freilich, mit persönlichen Abweichungen wie der milchkaffeefarbenen Jagdmelone mit der Spielhahnsichel und dem Gamsbart und der ebenso eigenen Joppe mit den grünen Kordeln, prägte er sich in unser Bewußtsein, denken wir an Franz Joseph als Jäger. So stellt ihn auch das Kaiserjagdstandbild am Lauffener Wald dar, welches am 24. August 1910 enthüllt wurde. Übrigens kommt ein renommiertes österreichisches Bekleidungsunternehmen dem nostalgischen Empfinden entgegen und bietet seit kurzem des Kaisers Jagdjoppe als originalgetreuen „Nachbau" an. Noch mit 83 Jahren erlegte er im Juli 1913 trotz schlechter Witterung zwei gute Zwölfender und 5 Zehnender.

In Ischl, am 19. August 1853, einen Tag nach seinem 23. Wiegenfest, verlobt sich der junge Monarch mit dem Possenhofener Wildfang Elisabeth. Einunsechzig Jahre später, am 28. Juni 1914, erreicht den alten verwitweten Kaiser die Nachricht vom Attentat in Sarajevo. Donnerstag, 30. Juli 1914: „Der Kaiser richtete an die auf dem Bahnsteige wartenden Funktionäre hastig wenige Worte des Abschiedes. Als er dem vortrefflichen Ischler Pfarrer Stadler Lebewohl sagte, machte dieser dabei unaufdringlich segnend das Kreuzzeichen und begleitete es mit einem herzlichen „Auf Wiedersehen, Majestät!" In den Hofsonderzug einsteigend bemerkte der Monarch bewegt: „Einen schöneren Abschiedswunsch hätte mir Pfarrer Stadler nicht mitgeben können; wenn er nur in Erfüllung geht!"

Die Vorsehung hat es anders gewollt; Kaiser Franz Joseph sah sein teures Ischl niemals wieder!

(Albert von Margutti)

Das waidgerechte Denkmal Kaiser Franz Josephs in der Ischler Landschaft auf dem Weg nach Lauffen.

Mürzsteg
Zar Nikolaus II. und andere Jagdgäste

„Meine Wünsche konzentrieren sich auf den einzigen Satz: Aussi möcht; i; nemlich aus dem Jagdséjour mit meinen hohen Gästen ...", (die Jagden) „... fallen nicht nach Wunsch aus, da es fast beständig stürmt und recht schlecht geschossen wird ... Während den langen Trieben habe ich auf dem Stande sitzend so recht Zeit, über Vergangenheit und Gegenwart nachzudenken und mich meinen trüben Gedanken hinzugeben, um so mehr, als mir nichts zu Schusse kommt. Ich habe erst drei Schüsse gemacht, mit denen ich einen Hirsch und einen Fuchs anschoß und eine Gemse fehlte ...",
bleierne Stimmung fließt aus der Feder des sechzigjährigen Monarchen, wieder teilt er sich seiner Seelenfreundin Katharina Schratt mit, ihr berichtet er ja stets ausführlich von seinen Jagderlebnissen. Freilich ohne jede farbige Ausschmückung, sondern gleichsam als nüchterne Schilderung eines Sachverhaltes. Einen, ja mehrere Tage bilanzierte er auf wenigen Zeilen. Der Umstand, den der Allerhöchste Jagdherr als doppelt unangenehm empfunden hatte, war jene Jagd, die von 1. bis 5. Oktober des Jahres 1890 abgehalten wurde. Hochrangige Gäste wie Kaiser Wilhelm II., König Albert von Sachsen und der allgegenwärtige Prinz Leopold von Bayern – um nur einige zu nennen – fanden sich ein, und tatsächlich wurde einiges zu Holze geschossen, insbesondere am 2. Oktober.
Am 3. Oktober erlegte zwar König Albert bei der Morgenpirsch einen

Der Zar trifft an der Seite des Kaisers in Mürzssteg ein.

Zehnender, Kaiser Wilhelm II. einen Zehnender mit nur einer Stange, aber dennoch bescherten diese Tage, im allgemeinen betrachtet, keine allzu hohe Strecke, vielleicht auch des ausgesprochenen ungünstigen Wetters wegen.

Waren nun all diese Triebe mit der Bemerkung kommentiert, daß die „Resultate ... weit hinter den Erwartungen zurückgeblieben" sind, so erwies sich, wie oft, der letzte Tag als erfolgversprechender. Kurz vor der Abfahrt nach Eisenerz beschloß man, abermals sein Waidmannsheil zu versuchen. Das Wetter hatte sich ein wenig gebessert und König Albert erlegte im „Vierundzwanziggraben" einen Achtender, Prinz Leopold am „Senkstein" einen Zehnender, der Großherzog von Toscana auf der „Wildalpe" einen Zwölfender – und so setzt sich die Reihe fort. Zweifellos wurden sie alle am 2. Oktober von jenem unbarmherzigen Schickasal heimgesucht, das auch dem routiniertesten, sorgsamsten Waidmann gelegentlich widerfährt. Erstaunlich ist nur die offenherzige Darstellung all dieser Mißlichkeiten; und zum Abschluß dieser bis ins kleinste Detail registrierten „Kaiserjagd" stellt Victor Großbauer von Waldstätt fest: „Es war keineswegs zufällig oder unabsichtlich, wenn eine kleine Serie von nichts weniger als dianenbegnadeten Jagden hier skizziert wurde; läßt sich doch daraus entnehmen, mit welchen unvorhergesehenen, den Erfolg beeinträchtigenden, oft all fürsorgliche Bedachtsamkeit der Jagdleitung zunichte machenden Faktoren es da kämpfen heißt."
Ärgerlich war es aber dennoch.

Sammeln der Jagdgäste im Karlgraben am Südabhang der Schneealpe. Im hellen Anzug: Zar Nikolaus II.

Kaiser Franz Joseph und Generaladjutant Eduard Graf Paar beim Streckenlegen nach einer Gamsjagd bei Mürzzuschlag.

Beschluß der Hofjagd am 4. Oktober 1890. Im Hintergrund das Jagdschloß Mürzsteg in seiner ursprünglichen Form.

Nächtliche Streckenlegung in Mürzsteg. Der Kaiser trägt statt des Jägerhutes eine runde Sportmütze nach damaliger Mode.

Das Jahr 1903 verlief für Kaiser Franz Joseph ziemlich ereignisreich. Außenpolitisch brachte der gewaltsame dynastische Wechsel in Belgrad Grund zur Besorgnis. Die brutale Ermordung des schwachen Königs Alexander aus dem Haus Obrenovic und seiner morganatischen, skandalumwitterten Gemahlin Draga durch Verschwörer aus dem serbischen Offizierskorps war damals eine Weltsensation mit den Zügen eines authentischen schaurigen Kolportageromans. Alexanders Rivale Peter Karadjeorjevic wurde zum König ausgerufen, damit vollzog sich in Serbien ein jäher Umschwung. Die geschworenen Feinde der Donaumonarchie ergriffen das Staatsruder.
Und jene Monate waren auch eine Zeit der, wie man damals meinte, tauglichsten Form internationaler Verständigung, nämlich der „Besuchsdiplomatie" gekrönter Häupter. Am 31. August kam König Eduard VII. im Anschluß an den gewohnten Kuraufenthalt in Marienbad für wenige Tage nach Wien. Am 18. September traf dessen Neffe und Widerpart Kaiser Wilhelm II. ein. Die Bündnispolitik der europäischen Großmächte, in zwei Kraftfelder der Allianzsysteme geteilt, war in Bewegung geraten. Als sich der deutsche Monarch am 20. September verabschiedete, rückte bereits der nächste Besuchstermin heran. Zar Nikolaus III. wußte, welch wunderbares Gemsrevier der Kaiser von Österreich in Mürzsteg besaß, und hatte schon 1902 den Wunsch geäußert, dort zu jagen. Franz Joseph zeigte sich über dieses Interesse etwas konsterniert, denn er meinte, das Mürzsteger Jagdhaus sei wohl zu bescheiden, um darin einen solchen Gast zu empfangen. Also bat er um ein wenig Geduld, und der Besuch des Zaren – faktisch nicht sehr lange aufzuschieben – soll der eigentliche Grund für die rasche Ausgestaltung des Schlössels gewesen sein.
Im Frühjahr 1903 offiziell eingeladen, kam der Beherrscher aller „Reus-

sen" am 31. September in Wien an, und gemeinsam fuhren die Monarchen in Begleitung des Thronfolgers Erzherzog Franz Ferdinand ins Steirische. Der Zar, dem übrigens durch einen offenbar waidunkundigen Dolmetscher – er verstand „Gänsejagd" – Flinten mitgegeben wurden, mußte nun mit rechtzeitig aus Wien eingetroffenen Büchsen schießen und erschien im „lichtbraunen Havelock". In seinem Gefolge befand sich nicht nur sein überall Aufsehen erregender riesiger Leibkosake, der dem Ganzen eine pittorekse Note verlieh, sondern auch sein Außenminister. Wie so viele führende, fähige Köpfe des russischen Reiches seit dem 18. Jahrhundert, trug auch er einen rein deutschen Namen: Graf Lambsdorff. Dafür war sein ebenfalls anwesender österreichischer Kollege ein polnischer Aristokrat: Agenor Graf Goluchowski, k. u. k. Minister des Kaiserlichen Hauses und des Äußern. Denn bei aller waidgerechter Aufmachung dieses Treffens, samt feierlichem Inszene zu den Klängen der Jagdfanfaren von Hofopernhornisten und dem Streckenlegen vor dem Schloß „bei bengalischer Beleuchtung", diente die Zusammenkunft auch hochpolitischen Zwecken. Damit ging der Name Mürzsteg in die Geschichte unseres Jahrhunderts ein.

Der Zar hatte bereits eine bewaffnete Auseinandersetzung im Fernen Osten zu gewärtigen, den Russisch-Japanischen Krieg, der bald danach mit der Beschießung des Hafens Port Arthur durch die japanische Flotte begann. Deshalb wollte er sich Rückenfreiheit in Europa sichern, wo akute Spannungen zwischen der Türkei und Bulgarien das Gebiet Mazedoniens wieder einmal zum Krisenherd, ja sogar zum „Pulverfaß" machten. Um diese Themen ging es bei den Gesprächen und Beratungen der beiden hohen Diplomaten in der nahen Villa Schönauer. Während die Jagden stattfanden, entstand „am Rande" als außenpolitisches Instrument das „Mürzsteger Programm". Darin verpflichteten sich die Kontrahenten, auf dem Balkan nur im gegenseitigen Einverständnis vorzugehen und für die Erhaltung des Status Quo zu wirken.

Offiziell freilich verlief der Aufenthalt im felsigen, teil sehr schwierigen Gelände, mit Drahtseilsicherungen an den gefährlichsten Stellen, ganz so, wie es der Gastgeber gewohnt war und schätzte. Nach den Weisungen des Hofjagdleiters Forstrat Sperlbauer waren am 1. Oktober Scharen von Treibern eingestiegen, um das Gamswild in die „Burg" einzutreiben, einen Teil der Hohen Veitsch. Im Wagen, sodann im Sattel von Ponies und schließlich zu Fuß hatten die hohen Jäger die Stände erreicht. Der Zar erlegte 10 Stück, Franz Joseph nur 3, der Thronfolger indes, unentwegt wie immer, hatte eine Strecke von 16 Stück zu verzeichnen. Diese „Rangordnung" puncto Waidmannsheil blieb auch am zweiten Jagdtag in Geltung, diesmal im Karlgraben beim Südabhang der Schneealpe. Wieder hielt Franz Ferdinand mit 15 Abschüssen die Spitze, (wenn es um die Jagd ging, gab er eben nichts auf die Courtoisie, einem gekrönten Gast den „Vortritt" zu lassen), Nikolaus II. streckte 9 Stück und der alte Kaiser abermals 3. Am 3. Oktober übertraf der ungebärdige Neffe im Schustergraben beim „Toten Weib" mit dem berühmten Wasserfall sogar sich selbst. Er schoß 18 Stück, während die beiden anderen hohen Herren je 3 Stück erlegten. Auf der Rotwildjagd vollends kam nur der Thronfolger allein zum Schuß:

1 Vierzehnender, 1 Sechsender und 1 Tier. Aus dem Zarenbesuch war eine Jagd ganz im Stil Franz Ferdinands geworden …

Am 3. Oktober zu Mittag beschloß ein „*Déjeuner-dinatoire*" den Mürzsteger Aufenthalt der Monarchen. Von Neuberg an der Mürz fuhren

Wenn der Kaiser auf der Jagd weilt, ist die Etikette streng verbannt; der Monarch ist dann ein Jäger unter Jägern, der sich auch in der Tracht nicht von ihnen unterscheidet.
Was dem Kaiser die Jagd ist, ersieht man aus einem Brief, den der Monarch vor Jahren, als die unvergessene Kaiserin an der afrikanischen Küste weilte, an seine Gemahlin schrieb. In dem Brief heißt es: „Heute lege ich mein Jagdkleid an, und dann geht es in die Berge – Schöneres gibt es nicht!"

Zeitschrift „Die Herrenwelt"
Wien, Jahrgang 1916

Felspartie des „Toten Weibes“ bei Mürzsteg.

sie nach Wien, wo Franz Joseph seinen Gast auf dem Meidlinger Bahnhof verabschiedete. Dort stand der russische Hofzug bereit, in dem der Zar, nunmehr um einige Erlebnisse als Gemsenjäger reicher, nach Darmstadt reiste, zu seiner deutschen Schwägerschaft.
Zwei Jahre später, am 12. Jänner 1905: Dichter Schneefall und schneidende Kälte. Beim Trieb am „Glockenriegel“ wurde der nun fünfundsiebzigjährige Franz Josph seiner physischen Grenzen gegenwärtig. Die eindringlichen Warnungen des fürsorglichen Doktor Kerzl sollten sich also doch bewahrheiten. Der an diesem Tage von den Strapazen verausgabte Monarch sah sich außerstande, auch nur einen einzigen Schuß abzugeben. Dieses prachtvoll wilde Gebirgsrevier, in dem er bis vor kurzem noch alljährlich auf den Auerhan ging, hier, wo er im vierzigsten Lebensjahr sienen tausendsten Gams streckte, hier sollte er nicht mehr waidwerken dürfen?
Am Abend dieses erkenntnissreichen Tages begutachtete er noch die gelegte Streckte. 314 Stück Gams lagen hier in mehreren Reihen, keine einzige war von ihm dabei. Er sprach nach seinem Hofjagdleiter Sperlbauer seinen Dank für das gute Arrangement aus. Es war das letzte Mal. Welch berührenden Doppelsinn erhält da das Hornsignal „Jagd vorbei“. Heute ist das ehemalige Jagdschloß Sommersitz des jeweiligen Bundespräsidenten.

Schon bald nach seiner Thronbesteigung schuf sich Kaiser Franz Joseph in dem seit 1786 aufgehobenen Zisterzienserstift Neuberg an der Mürz – berühmt durch seine bedeutende große gotische Kirche – ein Domizil für die alljährlichen Aufenthalte im Frühling zur Hahnenbalz und im Herbst zur Hochwildjagd. Der südöstliche Trakt der Stiftsgebäude wurde zu einem Jagdschloß umgestaltet und entsprechend eingerichtet – nach dem Mitte des 19. Jahrhunderts herrschenden Geschmack nicht weidmännisch-rustikal, sondern in urbanem Stil, als eine kleine „Residenz", feudal und zugleich von jener noblen Schlichtheit, die dem Monarchen im Lauf seines langen Lebens immer mehr zur Selbstverständlichkeit wurde.

Bis 1870 war Neuberg ein Revier, das Franz Joseph besonders gern aufsuchte. Eine Einladung dorthin galt aber auch in späteren Zeiten als Zeichen großer Huld. Zu Franz Josephs Jagdgästen zählten Kronprinz Rudolf, Thronfolger Erzherzog Franz Ferdinand, die Schwiegersöhne Prinz Leopold von Bayern und Erzherzog Franz Salvator sowie Erzherzog Ferdinand aus der habsburgischen Sekundogenitur der Großherzöge von Toscana, ein Vetter des Kaisers, den dieser als Pirschgänger und Mensch hoch schätzte.

Nach dem I. Weltkrieg fiel das Jagdschloß an die Republik Österreich und befindet sich nun im Besitz der Österreichischen Bundesforste. Im

Der Schloßtrakt in seiner heutigen Gestalt, als Museum eingerichtet.

Kaiser Franz Joseph, ein Waidmann für alle Jahreszeiten

Die hohe Jagd in freier Wildbahn ist unseres Kaisers Lieblingsvergnügen und einzige Erholung. Entspricht sie doch so recht seinem mutigen Sinne, seinem ritterlichen Wesen, seiner schlichten Lebensführung und seinem lebendigen Naturgefühl! Die Scheu vor körperlichen Strapazen ist ihm fremd, drum ist ihm kein Weg zu weit oder zu ermüdend, kein Stand zu unbequem, kein Wetter zu schlecht, wenn es gilt, einen Pirschgang auf Hirsche oder eine Treibjagd auf Gemsen im Hochgebirge zu unternehmen. Ohne Murren klettert er über Steingeröll und schmale Steige, an tosenden Wildbächen entlang, die steilen Bergwände hinauf zu seinem Stand, den er sich stets so hoch wie möglich wählt, die leichter zu erreichenden Plätze seinen Jagdgästen überlassend. Gut gelaunt watet er zuweilen bis an die Knie durch den Schnee, der Eiszapfen nicht achtend, die bald von seinem Bart niederhängen. In Gemütsruhe läßt er sich vom herabströmenden Regen bis auf die Haut durchnässen, denn das berühmte „Kaiserwetter", dessen wir uns bei Paraden oder Festlichkeiten gewöhnlich zu erfreuen haben, stellt sich zur Herbst- und Frühlingszeit droben im Gebirge nicht allzu pünktlich ein. Aber Frost und Schnee und sogar Sturm, dieser unerbittliche Feind aller Jünger St. Huberti, müssen es schon gar arg treiben, wenn sie den kaiserlichen Waidmann zur Umkehr zwingen wollen. Er weiß, daß der Genuß einer Hochsgebirgsjagd durch Mühe errungen sein will.

Fr. Schnürer
„Unser Kaiser als Weidmann"

vertraglichen Einvernehmen mit der Gemeinde Neuberg wurden 1991 die Interieurs so weit als möglich wieder dem Originalzustand aus der Spätzeit der Monarchie angeglichen und als Dauerausstellung „Kaiser Franz Joseph I. und die Jagd" dem Publikum zugänglich gemacht. Acht Räume der „Kaiser-Suite" vermitteln einen Begriff von francisco-josephinischer Wohnkultur in der Landschaft des Mürztales. Besondere Bedeutung hat außer kostbarem Mobiliar mehrerer Epochen – vom Empire bis zum hohen Historismus – der relativ große Bestand an Gemälden österreichischer Künstler des 19. Jahrhunderts, darunter Werke der Meister Emil Jakob Schindler, Theodor von Hörmann und Hugo Charlemont, Landschaften und Genrehaftes, Bilder der „Wachaumaler" Johann Nepomuk Geller und Josef Kinzel und Wiener Veduten des in der Nachfolge Rudolf von Alts schaffenden Ernst Graner. Mit rein waidmännischen Motiven und Tierstücken ist Franz von Pausinger vertreten, in die Sphäre des barocken Waidwerks führen Kupferstiche aus den Zyklen Johann Elias Ridingers, des Augsburger Klassikers der Darstellung fürstlicher Ars Venandi.

Porträt des Erzherzog Ferdinand aus der toscanischen Linie des Hauses. Kaiser Franz Joseph schätzte ihn als Pirschgänger.

Kaiserliches Jagdfrühstück vor einer Jagdhütte.

Ein seltenes Foto insofern, als Franz Joseph hier zur Joppe nicht die gewohnte Lederhose trägt, sondern Pantalons in Offizierschnitt.

Auch der Kammerhof in Eisenerz war ein kaiserliches Jagdschloß in der Region Steiermark–Salzkammergut.

Radmer

Die Brandhofer Reviere

„Zum Ersten, zum Zweiten, zum --- Dritten!“ Für 2.560 Gulden Wiener Währung ersteigerte Johann Hippmann am 17. Juli 1818 eine „isolierte Alpenwirthschaft“ am Seeberg, unweit von Mariazell, die seit jeher als der „Brandhof“ bekannt war. Doch sogleich, nachdem Hippmann den Zuschlag erhalten hatte, legitimierte er sich als „Bevollmächtigter Sr. Kaiserlichen Hoheit, des Erzherzogs Johann“. Ursprünglich gedachte der Habsburger, aus diesem in Konkurs gegangenen Anwesen ein landwirtschaftliches Mustergut zu errichten, und obgleich er sich mit dem Gedanken trug, sich auch hier ein behagliches Hauswesen zu schaffen, galt ihm der Beweis, auch aus rauher Lage Frucht ziehen zu können, vorerst wichtiger. So vollzog sich nun ein Wandel, freilich unter den Aspekten agrarischer Nutzung. Anno 1820 entstanden die notwendigen Wirtschaftsgebäude, und dem eigentlichen Wohnhaus, einem schlichten Holzbau, ließ er innen mit verhältnismäßig bescheidenen Mitteln etwas Schmuck angedeihen.

Der Brandhof zu Zeiten Erzherzog Johanns aus einer Stahlstichserie „pittoresker Ansichten des deutschen Vaterlandes“.

Nun verschied jedoch Herzog Albert von Sachsen-Teschen, ein feinsinnig liebenswerter, von systematischem Sammlernaturell geleiteter Herr, der durch seine umfangreiche Grafiksammlung als der eigentliche „Stammvater“ der Wiener Albertina bis heute fortlebt. Jener Herzog Albert war auch außergewöhnlich wohlhabend, und so hinterließ er den Brüdern Johann und Carl, letzterer der Held von Aspern, ein ansehnliches Legat von je 200.000 Gulden. Diese Summe versetzte den Erzherzog in eine weitgehend finanziell unabhängige Situation, die nun eine Realisierung seiner Pläne in größerem Stile gestattete. Kurzum, das vorher geplante Unterfangen, welches lediglich einen Umbau des Wohnhauses vorsah, wich dem Projekt, ein neues Herrenhaus zu errichten.

Da nun bald alle Bedingungen erfüllt waren, um als guter Hausvater seßhaft zu werden, wuchs in ihm, in dessen Herzen es ja seit geraumer Zeit schon heftig „plochelte“, der Wunsch, seine Anna, die Tochter des Aussseer Postmeisters, zu ehelichen.

Anno 1828 ist der Komplex, an dem der Habsburger auch selbst mit Hammer und Kelle eifrig mitgewirkt hatte, fertiggestellt.

Die Jagd des Meleager und der Atalante auf den kalydonischen Eber, Ölgemälde Peter Paul Rubens, um 1620, Kunsthist. Museum.

Das eigentliche Wohnhaus erscheint als unaufdringlicher, alpin akzentuierter Herrensitz, an dessen Westseite als Mittelpunkt, gleichsam aufgepfropft, die oktogonale Apsis der Kapelle heraustritt und dieser Art dem Brandhof seinen eigenwilligen Duktus verleiht. Just ein Protestant, der gebürtige Königsberger Maler Ludwig Schnorr von Carolsfeld, war es, der diesem Sakralraum zu seiner Stimmung in Pastell verhalf. Auch das Sakramentshäuschen entwarf er, welches aus einer eigens zu diesem Zwecke gefällten libanesischen Zeder gefertigt wurde, deren Echtheit vom Patriarchen von Antiochia mit einer arabischen Urkunde verbürgt wurde. Überhaupt fungierte Schnorr gewissermaßen als Arbiter Elegantiarum des Erzherzogs, mit dem er jedes Detail bis ins kleinste besprach. Nicht nur, daß er die Vorlagen für die Glasfenster schuf, welche gleichsam als luzide Chronik die wichtigsten Stationen aus dem Leben des Prinzen darstellten – wie etwa Ansichten vom Grundlsee, Gastein, Vordernberg, dem Weingut Pickern und dem Brandhof selbst. Er entwarf auch so manchen kunstgewerblichen Gegenstand, der dann von fähigen Künstlern und Handwerkern hergestellt wurde. Ob nun durch intensive Ausein-

andersetzung oder andere Gründe bewogen, konvertierte Schnorr nach Vollendung seines Werkes zum katholischen Glauben.
So schlicht sich der Brandhof von außen gab, so allegorisch, von Elementen der Neugotik durchzogen boten sich die Interieurs teilweise dem Besucher dar. Es war ja die Zeit der Romantik, die weithin in Europa Schlösser hervorbrachte, die als „Castles“ im Tudor-Stil gleichsam inszeniert waren, oder sich als märchenhafte Ludwig Richter'sche Trutzburgen aus weitläufigen Parkanlagen emporhoben. Wenn auch dem Hausherrn für den Alltagsgebrauch die schlichte Art wohl eher entsprach, so lag diesem Stil eine programmatische Note zugrunde. Die Neugotik hatte Johann ja während seiner Englandreise 1815/16 erlebt. Es war eine Strömung, die gemeinhin als fortschrittlich und aufgeklärt galt. So erscheint das Speisezimmer in seinem hellen Holzgetäfel als Parallele zum „Rittersaal“ im „Gotischen Haus“ in Wörlitz/Dessau. Lediglich die „Männertreue“ und die Rose, die von Johann und Anna erwählten persönlichen Attribute, welche vereint und stalaktitengleich den Mittelpunkt des Plafonds bezeichnen, schaffen den Bezug zum Besitzer. Seltsamerweise finden sich in der Romantik kaum regionale Varianten. Das englische Vorbild oder das, was man dafür hielt, galt als verbindlich.
Von eigener Symbolik sind auch jene vier Tiergestalten, die in den Ecken die Decke zu stützen scheinen. Jedoch kein exotisches, sondern bodenständiges, der Landschaft verhaftetes Getier verkörpert die guten Eigenschaften: der Adler als Sinnbild des Mutes, die Gams steht für Wachsamkeit, der Stier für die Stärke und der Hund für die Treue. Einzig im Schreib- und Jagdzimmer des habsburgischen Hausvaters, zwischen zirbenduftendem, honigfarbenem Täfelwerk, ließ sich stille,

Die naive Zeichnung des Militärmusikers Max Alois Lesznik vom k.k. Infanterieregiment Nr. 53 gibt Zeugnis dafür, wie sich die Volksphantasie mit diesem Habsburger beschäftigte.

erdverwurzelte Behaglichkeit zelebrieren. Da hingen die Büchsen am Kleiderrechen neben Hut und Rock, darunter die Schneeteller. Durch weniges unterschied sich dieser Raum von den üblichen Stuben bäuerlicher Art.
Will man nun einen authentischen Einblick in das soeben bezugsfertige Anwesen gewinnen, so lese man bei Franz Carl Weidmann nach. Dieser war Topograph und war mit jener Akribie ausgestattet, die einem Vertreter dieser Spezies wohl zu eigen sein muß, um als verläßlich zu gelten. In seiner 32 Seiten umfassenden Publikation „Der Brandhof und das Fest seiner Einweihung am 24. August 1828" katalogisiert er geradezu das Inventar nebst Künstlern und mitwirkenden Handwerkern. Jedes der Fenster, die aus sechs Glastafeln bestehen, wovon jede mit einem Spruch aus der Heiligen Schrift versehen ist, hält er mit archivarischem Drang in Position und genauem Wortlaut für die Nachwelt fest. Nebenbei verstand er sich – zumindest in diesem Fall – als reimfreudiger Chevalier, der seinem Pegasus kräftig in die Flanken stieß und ein Gedicht verfaßte, welches er unter allen Anwesenden zur Erinnerung verteilte. Allen, die diesem Anlaß nicht beiwohnen konnten, bot er es für bare Münze feil.
Diese Festivität mochte wohl einer dörflichen Fronleichnamsprozession geglichen haben. Alles erschien im Sonntagsstaat, die Hüte mit Zirben, Alpenblumen und, als gemeinsames Kennzeichen, mit weißen Bändern geschmückt. So setzte sich dieser Zug, das Brandhofer-Kreuz voran, unter Böllerkrachen und lauten Gebeten in Bewegung. Lediglich die Hohe Geistlichkeit verließ die Gesellschaft schon am selben Abend, die anderen verblieben noch im Brandhof, da für den folgenden Tag eine großangelegte Gamsjagd im „Gschirr" angesetzt war, auf die sich gewiß nicht nur der Hausherr freute. Doch zeigte sich das Wetter an diesem Tage als besonders ungnädig und versagte nun der waidfrohen Festkorona eine herrliche Jagdgelegenheit in dem wohl bestgehegten Gamsrevier seiner Zeit. Dieser reiche Bestand war – wie kaum anders zu erwarten – der umsichtigen Denkungsweise des Jagdherrn zu verdanken; wie überall, wo er Hand anlegte, blieb nichts dem Zufall überlassen. Bereits einen Monat, nachdem er in den Besitz des Brandhofes gelangt war, also im August 1818, nahm er fähige Jäger in seine Dienste und erließ seine erste Jagdinstruktion, welche deren Pflichten, ihre Entlohnung und die Einteilung der zu betreuenden Reviere festlegte; davon entfielen auf jeden einige tausend Hektar! Nun, sie kamen bei ihrem freigiebigen Jagdherrn auch selbst nicht zu kurz. So konnte Adam Rosenblattl, der Lieblingsjäger des Erzherzogs, eines Tages den durchaus besten Hirsch des Reviers erlegen. Noch heute hängt die Trophäe im Parterre des Brandhofes, wie es überhaupt Brauch war, seinen wackeren Leuten Birk- und Auerhähne und auch sonstiges Wild freizugeben – wichtig war, daß der „Abschußplan" erfüllt wurde.
Bereits seit den Dreißigerjahren hatte Johann Abschußpläne entwickelt, denen Kriterien wie Hege, Geschlechterverhältnis und Auslese zugrunde lagen. Durch gezielte Ankäufe trachtete er auch seine Reviere zu arrondieren, um anno 1831 auf 30.000 Hektar sein unerhört kluges und vor allem nachhaltiges Hegemodell zu praktizieren. War vorher das Gamswild zu einem beträchtlichen Teil durch die napoleonischen Umtriebe nahezu gänzlich ausgerottet worden, so vermehrte es sich nun in seinen Revieren, welche von der „Kräuterin"

und den „Zeller Staritzen“ bis Aflenz und Weichselboden reichten, derart, daß zeitweilig der Abschuß forciert werden mußte.
Dieses Hegemodell erwies sich als probat, beruhte aber, für damalige Begriffe, auf absurden Vorstellungen: Geringste Beunruhigung des Wildes im Zentrum seines Lebensraumes lautete die Maxime. Aus diesen Überlegungen verfiel Johann auf die wahrhaft vorausweisende Idee der turnusmäßigen Riegeljagd. Besonders ferme und treffsichere Schützen begaben sich zu ihren zugewiesen Ständen. Nun drückten einige wenige geländekundige Treiber, ruhig durch das Revier streifend, den Jägern das Wild zu, und da Gamswild nie panikartig abspringt, sondern bereits nach wenigen Fluchten ein „Haberl“ macht, also kurz nach der Ursache der Störung äugt, kann der Schütze in diesem Moment das Stück ansprechen und das „passende“ – eventuell – erlegen. Böcke und Scharwild (Geißen, Kitze und noch nicht geschlechtsreife Böcke), streng limitiert pro Jäger, galt es zu schießen. Derlei Riegeljagden dauerten von 12–16 Uhr, somit wurde die Population nur einen halben Tag lang molestiert, an dessen Ende eine Strecke von 20–40 selektierten Stücken gelegt wurde. Dann aber durfte in diesem Teil für ganze vier Jahre nicht mehr das „Büchserl knallen“.
Es war schon ein anspruchsvolles Waidwerken, zumal der hohe Jagdherr seinen Männern gebot, nur einläufige Gewehre zu führen, womit er sicher auch einen pädagogischen Zweck verfolgte, dem er im übrigen selbst als Beispiel voranging: „Mit einem Einläufigen lernt man rein schießen, seine Schüsse sparen und zur rechten Zeit abgeben.“ Die Folgen all dieser Maßnahmen waren, daß sich der Gamsbestand auch in den Revieren der Umgebung weiter verbreitete; ebenso erholten sich auch die Rotwildbestände, welche auf 300 Stück angestiegen waren. Dieser klugen Art der Bejagung wird auch die Tatsache zugeschrieben, daß weder Gamsräude noch andere Gamskrankheiten mit ihren hinwegraffenden Auswirkungen im Hochschwabgebiet Einzug halten konnten. Bald sollte aber revolutionäres Parolengejohle Europa erfüllen, entfesselte Horden wilderten durch Felder, Wälder und Fluren und wehe dem, dessen Revier einen Wildstand aufwies, der sich gänzlich ausrotten ließ!
Gerade in dieser schweren Zeit wurde der Brandhofer für ein Jahr als Reichsverweser nach Frankfurt berufen, und ein sehr junger Monarch bestieg den Thron: Kaiser Franz Joseph I. Da Johann die besondere Vorliebe des neuen Kaisers für Gamsjagden kannte, erlaubte er sich, seinen gekrönten Großneffen zu einer solchen, gegen Ende September anno 50, einzuladen. Franz Joseph, dem dies gewiß sehr verlockend erschien, sah sich aber durch dringende Regierungsgeschäfte verhindert. „… Wie sehr mich dies auch als passionierter Gemsenjäger schmerzt, können Sie wohl denken. Ich hoffte bis zum letzten Augenblick, doch noch ein wenig Zeit zu finden, um mir dieses große Vergnügen, auf welches ich mich lange freute, möglich zu machen, und daher kommt es, daß ich erst so spät diesen Absage-Brief schreibe … Ich empfehle mich aber in Ihre Gnade für das künftige Jahr, denn es ist seit langer Zeit mein sehnlichster Wunsch, eine Gemsenjagd bei Ihnen, lieber Onkel, mitzumachen.“ Fünf Jahre sollten verstreichen, ehe sich der Kaiser am 2. September 1855 bei seinem Oheim einfand. Der Ort des Rendezvous war Wegscheid. Hier empfing man den Kaiser, und da es, seit Joseph II., zu den Gepflogenheiten der Monarchen zählte, meist in Generalsuniform zu erscheinen, wechselte er im Gasthof „Zur

Post“ in das bequemere Jagdgewand, damals übrigens im Stil dem des Erzherzogs ähnlich, gewissermaßen biedermeierlich, adretter als das spätere, doch sehr persönlich. Für drei Tage war disponiert worden, wovon der erste der 3. September war – doch lassen wir den Jagdherrn selbst zu Wort kommen. „Ich veranstaltete aufs Geratewohl eine Jagd in der nächsten Nachbarschaft, im ‚Gaisgraben‘. Da die Nebel tief lagen, konnten die Treiber nicht hoch hinaufgehen; dies hatte zur Folge, daß bloß die sich tiefer aufhaltenden Gemsen aufgetrieben wurden, nichtsdestoweniger schoß der Kaiser einen schönen Bock. Da sich der Himmel aufhellte, trug ich dem Kaiser an, in den unteren Ring hineinzugehen – hier erlegte er noch einen ... Der Kaiser erschien von bester Laune, zwanglos, ganz Mensch. Wie mag ihm das wohlgetan haben! Um 9 Uhr Thee, dann begab sich alles zur Ruhe“ (im Jagdhaus des Erzherzogs, in der „Hölle“).

Für den darauffolgenden Tag, den 4. September, wich der Prinz sogar von seinem Prinzip der Wildschonungsgebiete ab. Diesmal wurde der „obere Ring“ bejagt. „... Franzi (der Sohn des Erzherzogs, Anm. d. Autors), Kellner Morzin (Feldmarschalleutnant Friedrich Freiherr von Kellner, Generaladjutant des Kaisers; Graf Morzin, Vertrauter und Obersthofmeister Johanns) sandte ich rechts hinauf, Kellner kam zur Kanzel, der Kaiser und ich ... kamen links, ich stellte ihn vor den ‚Haindelstein‘, ... mich rechts seitwärts in dem Krummholz, wo ich genau beobachten konnte, was bei dem Kaiser vorging. ... Gemsen kamen genug, einzeln und in Rudeln, es dürften wenigstens 400 gewesen sein. Es fielen 60 Schuß, der Kaiser schoß 11 Gemsen ...“

Liest man diese Zeilen, so ist man sich kaum der Tatsache bewußt, daß es sich nun ja schon um einen 73jährigen Herren handelt, der hier so rüstig über die Berge zieht. Unsere Vorstellung des Erzherzog ist immer noch von dem Gemälde Peter Kraffts geprägt. Anno 1817 war es, als er den 35jährigen Johann melancholisch von der Klippe blicken läßt. Im grauen, frackartigen Rock mit grünem Umlegkragen, seiner schwarzen Gamsledernen und dem flachen Hut mit Gamsradl und Spielhahnsichel wurde er Motiv und Symbol zugleich. Bereits 1819 nahm sich Blasius Höfel dieses Bild als Vorlage für einen Holzschnitt, der weite Verbreitung fand und so zur Mythenbildung beitrug – was man ja in Wien gar nicht gern sah, genausowenig wie die sogenannte „Erzherzog Johann-Tracht“, die anno 1822 in der Reichshaupt- und Residenzstadt sogar verboten wurde. So hat er sich uns erhalten, umso widersprüchlicher erscheint deshalb jene Tagebucheintragung, ein Jahr, nachdem Franz Joseph bei ihm zu Gast war: „... Am Brandhof um 6 Uhr. Ich nehme Abschied von der ‚Bösenmauer‘, dieser Weg, welchen ich öfter gemacht, ist nichts mehr für mich, ... dazu gehören jüngere, biegsamere Füße ...“

Blühnbach

Ein Gams verändert die Welt

Der Thronfolger war kein Mensch, der sich in den Nebelschwaden träumerischer Visionen bewegte. Nein, er, Franz Ferdinand, verfolgte klar umrissene, erdverhaftete Absichten, deren Durchsetzung er jedoch nur allzuoft anderen, Diplomatischeren übertragen mußte, ihm waren ja seine meist vor Zorn geballten Hände gebunden.
So mag es als Fügung des Schicksals gelten, daß diesem vulkanischen Temperament ein Mentor wie Beck an die Seite gesetzt wurde, eine Berufung, deren Folgen noch unabsehbar sein sollten.
Max Wladimir Freiherr von Beck trat in das Leben des Erzherzogs als Lehrer in „Staatsrecht“. Er war einer der wenigen, die Franz Ferdinands Vertrauen gewinnen konnten, ja dies beruhte sogar auf Gegenseitigkeit. Auch später griff Beck als loyaler Berater ein und glättete die aufgepeitschten Wogen, welche durch das Aufeinanderprallen kalter Winde aus der Hofburg und heftiger Orkane seitens des Belvederes verursacht wurden.
Selbst im persönlichen Wettersturz, wenn das Klima zwischen kaiserlichem Oheim und Neffen empfindlich abkühlte, verstand es der feinsinnige und überaus geschickt vermittelnde Baron, stets zugunsten des Erzherzogs zu agieren.
„Der einzige, von dem er wirklich etwas profitiert habe, sei ich gewesen“, notierte Beck ein überraschend offenherziges Bekenntnis Franz Ferdinands.
Zweifellos entsprach dies einer subjektiven Einschätzung. Zumindest was das Juridische betraf, war das Wissen höchst fragiler Struktur.
In praktischen an Ergebnissen meßbaren Angelegenheiten, erfährt dieser Ausspruch allerdings eine durchaus pragmatische Bedeutung, und heute würde man Beck vielleicht als Lobbyisten bezeichnen, als einen erfolgreichen obendrein.
War es doch er, durch dessen präzise Vorgangsweise einer subtil gesetzten Schrittfolge dem Kaiser die Eheschließung mit Sophie Gräfin Chotek abgerungen werden konnte; ihm ist zu danken, daß die daraus erwachsenden Kalamitäten des „Estensischen Testamentes“ überwunden wurden.
Dieses Erbe, dessen Wert runde 11 Millionen Gulden betrug, versetzte den Thronfolger in arge Bedrängnis. Der Antritt war ja mit einer Reihe von Bedingungen verbunden, deren fatalste jene Auflage darstellte, daß er „für sich und seine Nachkommen für immerwährende Zeit den Zunamen ‚Österreich-Este‘ annähme“.
Nun, so einfach es für ihn selbst erschien, diesen Passus zu erfüllen, so schwierig stellte sich das Problem für die einer sogenannten „morganatischen Ehe“ entstammenden Kinder dar – gemäß dem Familienstatus hätten sie niemals den Namen Österreich-Este führen können.
Auch in dieser prekären Situation sondierte Beck nach einem günstigen Modus, der sich in Form einer Familienstiftung ergab. Kurzum, die Agenden privaten sowie politischen Charakters begannen üppigst zu wuchern, sein Aktionsradius erweiterte sich mit jedem „Stein des Anstoßes“ gleichsam konzentrisch.
Nebenbei: für solcherlei „Husarenstücke“ gab es keine Kriegskasse. Beck handelte auch in gewichtigen Missionen ohne Honorar. Mit seinem Beamtensalär mußte er das Auslagen finden, was auch „finanzielle Zuwendung“ an dienliche Personen von vornherein aus-

Franz Ferdinand als junger Jäger (oben) und als mißtrauischer, zielstrebiger „Sammler“ von Schlössern und Revieren.

Vorhergehende Doppelseite: Schloß Blühnbach in der Gestaltung durch den Thronfolger, Ansicht von Osten gegen das Steinerne Meer.

schloß, zumal derartige Taktiken seinem Ehrencodex völlig undenkbar gewesen wären.
Und dann war da noch „Blühnbach“.
Eine im übrigen geradezu „stichelhaarige“ Causa, die den pflichtgetreuen Baron Beck lange Zeit hindurch strapazieren sollte.
Blühnbach, ein Name wie eine Verheißung: rot-weiß karierte Tuchenten quellen bauschend vor begonienstrotzenden Fensterläden. Unwillkürlich denkt man dabei an eine Idylle im Stil Ganghofers – den Franz Ferdinand ja schätzte.
Diese lautmalerische Schöpfung, als deren Taufpaten man den frommen Bischof Hartwig (991–1023) nennt, der just hier, in seinem Leibgehege, an einem frostharten Andreas-Tag ein Reis gebrochen haben soll, welches sogleich in seiner Hand zu grünen und blühen begann, in diesen Flecken rammte sich der Pfahl erzherzoglichen Begehrens fest. Voll der Überzeugung, daß es sich hier um eine Lebens-, ja Überlebensfrage handle, daß „Blühnbach für jetzt und später der angenehmste, gesündeste und beste Gebirgsaufenthalt sei, den er wie ein Stück Brot brauche, da er seiner Gesundheit in allem entspräche.“
Am Geld sollte die Anwendung dieses alpinen Therapeutikums wahr-

Das Schreibzimmer des Thronfolgers (unten) und die Vorhalle im 1. Stock. Die Aufnahmen stammen aus dem Jahr 1914.

lich nicht scheitern, allerdings war in dessen Erlangung heftige Kontraindikation zu erwarten, aber davon später.

Vom Mittelalter bis zur Säkularisierung des Erzstiftes anno 1803 war Blühnbach hochfürstlich salzburgisch. Hier begann man im 18. Jahrhundert mit der systematischen Zucht der so unerhört gutmütigen Noriker (Pinzgauer), einem etwas derberen Schlag als den bis dahin hauptsächlich verwendeten Abtenauern.
Des Purpurs entledigt folgte ein kurfürstliches Intermezzo unter Ferdinand von Toskana, einem Bruder Kaiser Franz I., dann ein königlich bayerisches, um nach diesem blau-weiß gerauteten Augenblick salzburgischer Geschichte im Jahre 1816 endgültig in die schwarz-gelben Gemarkungen als ärarisches Eigentum eingegliedert zu werden.
Offenbar bestand seitens der kaiserlichen Familie kein unmittelbarer Bedarf, den vorhandenen Hofjagden und Leibgehegen ein weiteres hinzuzufügen, es mag auch die beträchtliche Distanz von der Reichshaupt- und Residenzstadt Wien ausschlaggebend gewesen sein, jedenfalls fiel Blühnbach unter die Administration der k.k. Staatsforste, mit Kanzlei am Ort selbst.
Indes wurden durchaus honorige Anwärter vorstellig: Ein Konsor-

Franz Ferdinand, wie man ihn nicht kannte: als Amateurgeiger einst zur Hausmusikstunde in Schloß Halbturn. Am Flügel stehend, in weißer Bluse: Sophie Gräfin Chotek.

tium aus österreichischen, böhmischen und bayrischen Hocharistokraten unter der Führung des Fürsten Pless nahm 1841 dieses herrliche Revier samt Schloß in Pacht, die von deren Nachkommen stets beibehalten wurde.

Der hohe Wildstand und der daraus resultierende, schier unerträgliche Wildschaden – gleichsam das „Damokles-Waidblatt" jedes Revier-Pächters – löste größte bäuerliche Unmutsbezeugungen aus, also sah man sich doch genötigt, 1870 einen Wildzaun zu errichten, der das Auswechseln aus dem Blühnbach- in das Salzachtal unterbinden sollte.

Die Jagdherren waren auch Modernismen nicht abhold, speziell den „Nordischen": Karl Fürst Auersperg – wir werden ihm später noch begegnen – ließ für das Jagdpersonal eigens aus Norwegen Langlaufskier kommen, gewachst wurde mit simplem, weißem Kerzen-Paraffin, als Stock diente das wohl wichtigste Utensil jedes alpinen Waidmannes, der „Bergsteck'n".

Es war ein gedeihliches Waidwerken im Blühnbachtal. Wohlbekannt und geschätzt waren die Gamsjagden, zu denen die Pächter auch Gäste luden, Kronprinz Rudolf etwa und nach dessen Tod den nun selbst zum Thronfolger vorgerückten Erzherzog Franz Ferdinand.

Das war ein Revier so ganz nach seiner Fasson. 1907 finden wir ihn bereits als Mitglied dieses Zirkels, nur: die Rolle des Partizipienten widersprach seinem Naturell vollends. Der geradezu kindlich-hilflose Wunsch des Alleinbesitzes steigerte sich zur fixen Idee, es begann sich zu regen im Kuckucksei – als solches sollte sich seine Mitgliedschaft erweisen.

Blühnbacher Perspektiven: die Vorhalle im Parterre (links) die Mittelhalle (rechts) und die Halle im 1. Stock (unten), Jagdtrophäen und Antiquitäten, mit gleicher Passion gesammelt.

Blühnbach mußte ihm gehören, zumal sich der eben erlittene Verlust seiner Pachtjagd im Kärntner Löllinggraben auch nicht positiv auf sein Gemüt auswirkte.
Er zauderte nicht lange und besann sich Becks subtilen Geschicks in derlei Formalitäten. Trotz der Entfremdung – Beck setzte zum Entsetzen des Thronfolgers 1907 das allgemeine Wahlrecht durch – umschmeichelte er den nunmehrigen Ministerpräsidenten, ihm in puncto Blühnbach einen Dienst zu erweisen, als „rettender Engel" zu erscheinen, auf den er sich ganz verlasse.
Nun, die Umgehung des Kontraktes, der de jure als unkündbar galt und im fernen Jahre 1927 enden sollte, ward im Tauschweg „Gut Weinzierl-Wolfpassing in Niederösterreich gegen Blühnbach" gefunden.
Und was den „Engel" anbelangt, so mußte dieser als unfreiwilliger, gedungener „Erzengel Michael" auftreten, dem es oblag, sämtliche Mitglieder aus ihrem waidmännischen Paradies zu vertreiben. Gewiß keine angenehme Funktion für den sympathischen Philantropen Beck. Dennoch gelang es ihm, alle, bis auf einen, gleichsam auszuheben: Der 1927 verstorbene Karl Fürst Auersperg aus Goldegg beharrte darauf, bis zum Ende der Pachtperiode Mitglied zu bleiben.

Am 23. Dezember 1908 ist es erreicht, Blühnbach wechselt in das Eigentum des Allerhöchsten Kaiserlichen Familienfonds. Jetzt konnte der Thronfolger frei durchatmen, auch in physischer Hinsicht, galt ihm doch Blühnbach als ein „St. Moritz".

Bereits vor dieser offiziellen Übernahme hatte er seinen Einstand „markiert". So ließ er erstmals anno 1903 eigenes Mobiliar ins Schloß bringen, auch die Erschließung des Gamsrevieres auf den Jochalmen trieb er voran: Von Juni 1907 bis Juli 1908 legten die Pioniere des Salzburger Hausregimentes, „Erzherzog Rainer" Nr. 59, eine rund sieben Kilometer lange automobiltaugliche Straße vom Bluntautal ins Hochgebirge an, 137 Mann beteiligten sich an diesem Werk. Doch bald wurde dies ruchbar, und das deutschfreiheitliche „Salzburger Volksblatt" übte massive Kritik: „Von der strategischen Bedeutung des Torrener Jochs und des dortigen Jagdschlosses hat man bisher nichts gewußt. Die Straße wird also wahrscheinlich nur zu Jagdzwecken gebaut, um später für gewöhnliche Sterbliche wieder abgesperrt zu werden."

Doch nun, da er Besitzer war, ging Franz Ferdinand zunächst zögernd an die Umgestaltung des Schlosses, dem man bisher nur das notwendigste Flickwerk angedeihen lassen hatte. Sein desolater Zustand war offenkundig, auch schien dieses zu groß geratene Stöckl von seinem Erscheinungsbild wenig geeignet, den späteren Anforderungen zu genügen. – Später, wenn er dereinst als Kaiser Franz II. regieren sollte, gedachte er ja, Blühnbach in den Stand einer Sommerresidenz zu erheben. Fähige Köpfe hatte er zu diesem Zwecke zugezogen, wie etwa den Wiener Dombaumeister Ludwig Simon und später von ihm den protegierten Ringstraßenarchitekten Ludwig Baumann. Sie vollzogen 1909–10 den erforderlichen unumgänglichen Wandel zum Komfortablen und Gefälligen. Um ein Geschoß erweitert und von kubischen Türmen flankiert, erwies sich dieser harmonisierende Eingriff als durchaus geschmackvolle Korrektur.

Dennoch wäre es verfehlt, dem Schloß – einem solchen entsprach es ja nun nach landläufigen Vorstellungen – einladenden Reiz zu attestieren. Auch die Innenausstattung war ganz im Geschmack des Erzherzogs gehalten: Er wünschte sich holzgeschnitzte Wandvertäfelungen „in schöner Herren-Renaissance – jedoch nicht zu überladen und ohne in den Münchner Bierstuben-Stil zu verfallen."

Antiquitäten, speziell aus der Epoche Wolf Dietrichs, zu dem er als Blühnbacher Schloßherr ein verständnisvolles Naheverhältnis entwickelte, „antique Öfen des 17. Jahrhunderts und auch sonst allerlei an Möbeln, Bildern, Waffen und Büchern" wurden systematisch zusammengetragen.

Als schier nie versiegenden Quell solcher Schätze kannte man den „alten Pollak", einen k.u.k. Hofantiquar und alteingesessenen jüdischen Händler. Sein vornehmer Laden in der damaligen Westbahnstraße (heute Rainerstraße) in Salzburg war des öfteren Zielpunkt des Erzherzogs, wenn er in die Stadt kam, wobei sich Pollak als wahrhaft geschmeidig erwies, wenn es ums Geschäft ging. Ja sogar sonntags öffnete er für den hohen Besucher die Pforten. Nun, die Ironie der Geschichte brachte es, daß jener Pollak zum „kaiserlichen Rat" ernannt wurde. Da steckte aber nicht die Fürsprache Franz Ferdinands dahinter, sondern just der ausdrückliche Wunsch des deutschnationalen Reichsratsabgeordneten Julius Sylvester –!

Doch nun wieder zurück in das Retiro Franz Ferdinands.

Das „Salzburger Volksblatt“ sollte recht behalten: Aussperren, keine umherwandernden Bergfexe, gelöschte Wegmarkierungen und völlige Ruhe – das war die Maserung des Holzes, aus dem er geschnitzt war. Diesen gewiß nicht unverständlichen Intentionen entwuchsen jedoch ernsthafte Differenzen mit einschlägigen Organisationen, die erst kurz vorher den alpinen Freizeitwert entdeckt hatten und diesen nun propagierten.

Und lokale Gendarmen sahen sich in die staubigen Tiefen Galiziens versetzt, falls sie der Order nicht gehorchten, „Eindringlinge“ unverzüglich des Territoriums zu verweisen.

Das einzige Schlupfloch, durch welches sich der Aktenverkehr der Außenwelt einschieben konnte, war die eigens für den Thronfolger eingerichtete Poststation. Im Zuge dieser Rundumerneuerung wurde auch die abseits des Schlosses gelegene Kapelle einer pfleglichen Behandlung unterzogen, neogotisiert und beträchtlich vergrößert. Eine kunsthistorische Aufwertung ergab sich durch die Aufstellung eines gotischen Altars aus der Konopischter Sammlung Franz Ferdinands. Alles, was hier erneuert, verbessert oder neu angelegt wurde, entsprach ganz seinen persönlichen Bedürfnissen, denen mitunter auch Naturgesetze wie „nachgeordnete Dienststellen“ zu parieren hatten.

So bejagte er kaum das Rotwild, da er einen Wildstand von 1.000 Stück anstrebte – dieser überhöhte Bestand, der bereits im Jahre 1914 800 Stück betrug, verursachte enorme Schälschäden. Auf Gemsen jagte er – ebenfalls in der Form von Treibjagden – nur im Sommer, da zur Zeit der Gamsbrunft auch die bekannt ergiebigen Niederwildjagden in Ungarn und Böhmen abgehalten wurden. Und dann kam der 27. August 1913. Inständige Warnungen wies er von sich, der Schuß krachte, die Kugel war aus dem Lauf. Unter den fahlbraunen Böcken, Geißen und auch Kitzen stach ein „weißer“ Bock mit hohen Krucken heraus. Ein weißer Gams, ein „Zlatorog“ – grundehrliche Jägersleut sehen darin die tragische Bestätigung für einen alten Mythos: „Wer das Geschöpf aus einer Laune der Natur heraus erlegt, stirbt selbst binnen Jahresfrist“. Heute befindet sich die rare Trophäe präpariert im Salzburger „Haus der Natur“. Der blutgetränkte Waffenrock des Thronfolgers ist im Heeresgeschichtlichen Museum ausgestellt. Der Schuß in Blühnbach sollte sich als historische „Doublette“ erweisen: Am 28. Juni 1914 erfüllte der Gams sein Vermächtnis, und damit veränderte sich die Welt.

Oft trägt das scheinbar Negative den Keim des Positiven in sich. So war es ein schmerzvoller Unfall, der dem steirischen Prinzen just in Gastein ein prachtvolles Gebirgsrevier bescheren sollte. Denn als der Erzherzog unweit vom soeben im Bau befindlichen Brandhof eigenhändig seine Viehherde zusammentreiben wollte, hielt er jenen derben Stecken, mit dem man sich einerseits stützen kann, anderenteils auch das Vieh unmißverständlich zu dirigieren pflegt, für entbehrlich. Diese Nachlässigkeit nutzte nun ein Stier aus und schleuderte Johann in die Höhe.
Eine völlig ausgerenkte und wahrscheinlich auch gebrochene Schulter und ein Bänderriß waren die Folgen. Quälende vier Stunden, in denen er sich vorerst selbst mit einer Sessellehne geschient hatte, wartete er auf den Wundarzt. Doch des Medicus' Therapie zeigte nicht die gewünschte Wirkung. So empfahl ihm sein Hausarzt, die Bäder in Gastein aufzusuchen.

Nun, Johann kannte Gastein bereits. Seine Reisen als General-Genie-Inspektor hatten ihn ja während der Franzosenkriege des öfteren in die Alpenländer geführt. Und bereits damals befand er nach seinem Urteil, daß ihm „Land und Leute ungemein gefallen". Fast zwangsläufig ist man versucht zu sagen, löste doch, einem „Pawlow'schen Reflex" gleich, nahezu jeder knorrige Bergbewohner, jedes Alpenpanorama und überhaupt das natürlich Unverbildete wahrhaft felsenfeste Zuneigung aus.

Also begab er sich Anfang Juli des Jahres 1822 auf die Linderung versprechende Reise durch das Ennstal über Radstadt, um am 12. Juli im Wildbad Gastein einzutreffen. Im Gasthof Straubinger, welcher als das erste Haus am Platze galt, stieg er ab.
Wehleidige Tendenzen entsprachen nicht der Mentalität des Erzherzogs. Indes erwachte der Wandervogel in ihm, der trotz lahmer „Schwinge" bereits unmittelbar nach seiner Ankunft den Höhen des „Zitterautisches" entgegenstrebte. Am 18. Juli marschierte er über das Naßfeld auf die Pochkarscharte, und diesen Wanderungen sollten weitere im wahrsten Sinn des Wortes auf dem Fuße folgen. Überhaupt war er als Rekonvaleszent auch durchaus an den Anwendungen, derer er teilhaftig wurde, äußerst interessiert. Bereits in den ersten Tagen widmete er sich sozusagen einem umfassenden „Quellenstudium", wobei er feststellte, daß die „Heilquellen einen Bestandteil enthalten, welchen keine chemische Analyse finden könne, welcher aber die eigentliche Heilkraft des Wassers bildet, nämlich das Elektrische oder Magnetische etc., oder wie man es nennen möge." Kurzum, Johann funktionierte wieder automatisch. In einem neunseitigen Brief an seinen Bruder Kaiser Franz widmete er sich den Problemen Gasteins und hielt auch gleichzeitig fundierte Lösungsvorschläge bereit. Er empfahl den Ausbau Badgasteins, „da der Glaube an die Heilkraft niemandem zu nehmen sei".

Und auch er, der wohl von quacksalberischen Essenzen und vom Aberglauben nicht viel hielt, bekennt, daß sein lahmer Arm in Gastein Heilung fand.
Vier Jahre später, anno 1826, brach er ein zweites Mal nach Gastein auf, mit seinem Kammermaler Matthäus Loder im Gefolge. Diesmal stand das Alpinistische im Vordergrund.

Späte Vaterschaft:
Erzherzog Johann mit seinem Sohn Franz Graf von Meran.

Erzherzog Johann und Gastein

Alpenkönig, Wandervogel, Waidgesell

Die Besteigung des Ankogels sollte am ersten schönen Tage stattfinden. Am 4. August war es soweit. Einem Fährtensucher gleich die Zeichen der Natur verstehend schloß er aus der ungewöhnlich stark vom Schmelzwasser angeschwollenen Ache, daß in den Höhen wohl warmer Südwind wehen müsse. Sogleich war die Entscheidung zur Besteigung gefallen. Die Jäger wurden geholt, und nun begann eine Wanderung, die heute noch viel von ihrem Reiz bewahren konnte. In Begleitung einiger Herren und natürlich auch des Malers Loder begab sich Johann nachmittags in das Anlauftal. Nach dreistündigem Anstieg erreichten sie die Rodegg-Alpe (heute Radeckalpe genannt). Die Jäger, denen es oblag, ein deftiges Mahl zu bereiten, verblieben dort. Nur der Erzherzog und die übrige Gesellschaft gingen noch weiter dem Ankogel zu, „um die wilde Gegend zu besichtigen". Mit dem ihm eigenen zarten und dabei sehr präzisen Strich gab Loder Felsgiganten auf dem Zeichenblatt wieder, monumental und zugleich poetisch. Schon nach dem optischen Eindruck fühlt man sich in die reine Luft des Hochgebirges versetzt.

Quartier bezogen sie in der Patschgenhütte, wo sie im Heu nächtigten. Am darauffolgenden Tage, um 3 Uhr früh, begann der Aufstieg. Nur Loder setzte sein dokumentarisches Tagewerk fort. Dem Talkessel folgend bis an sein Ende zogen sie hinauf „über grüne Abhänge, Steine, Schutt und Eisgebürg" auf einer steil emporragenden Lehne des Blattkogels bis hin zur Radeckscharte. Für diese Wegstrecke benötigten sie drei Stunden. Weitere drei vergingen auf dem Rücken zum Ankogel, um über dessen schmalen Schneegrat auf den ersehnten Gipfel zu gelangen. Dort tranken sie dann auf des Kaisers Gesundheit. In Badgastein wurde dieses Ereignis selbstverständlich gebührend gefeiert.

Solcherlei Bergfexereien sollten sich auch in praktischen Dingen niederschlagen, zum Nutzen und Frommen aller Alpinisten freilich. Am 21. August, also nur wenige Tage nach der Ankogel-Expedition, bestieg Johann den Gamskarkogel. Der Ausblick überwältigte ihn derart, daß er damals den Auftrag gab, von den Rastötzen einen Saumweg anzulegen und ebendort eine Unterkunftshütte zu errichten, desgleichen eine am Gipfel – auf eigene Kosten, versteht sich.

Es liegt nun auf der sprichwörtlichen Hand, daß ein so enthusiastisch veranlagter Mensch auch seiner persönlichen Ausrüstung gehöriges Augenmerk schenkte. So benützte der Erzherzog für seine Hochgebirgs- und Gletschertouren schon gefärbte Sonnengläser mit Seitenschutz, auch befand sich stets ein zerlegbares Reisemikroskop in seinem Gepäck, ebenso wie eine hochwertige Schere und ein Reisewerkzeug, in dessen Griff dreizehn unterschiedliche Werkzeuge eingesetzt werden konnten.

Nun, sein zweiter Aufenthalt in Gastein mochte ihn wohl vollends davon überzeugt haben, daß es sich hier gar gut leben und auch jagen ließ. So traf es sich, daß ihm sein Gastgeber, Peter Straubinger, ein Grundstück links der Ache anbot. Sie wurden handelseinig, ja sogar das kostbare und heilsame Naß sollte ihm zugeleitet werden. Aus Dankbarkeit dedizierte Johann dem Hausvater obendrein noch ein wertvolles Altwiener Kaffeeservice – den Kuranwendungen im eigenen stand somit nichts mehr im Wege. Nun, eine sich – noch dazu von einem alten Widersacher – übergangen fühlende Amtsperson witterte in diesem Antrag eine Chance bürokratischer Entfaltungsmöglichkeiten. Kurzum, nach 15 querelenreichen Jahren wurde die Zuleitung von der Landesregierung, welche sich ja damals in Linz befand, anno 1843 gegen jederzeitigen Widerruf genehmigt. Zu dieser Zeit stand Johanns Haus am Fuße des Stubener Kogels längst schon, und auch sonst trug sich Erfreulicheres zu.

Ein Alt-Steirer, wie er im Büchel steht: des Erzherzogs treuer Begleiter, der Gamsjäger Rosenblatt.

Dazu wollen wir auch die Geburt seines Sohnes Franz, des ersten Grafen von Meran, am 11. März 1839, zählen. Zehn Jahre war diese sonst sehr harmonische Ehe kinderlos geblieben; die Aufenthalte Annas in Gastein sollen dann diesen Wandel herbeigeführt haben. Diesem Bewußtsein, nun endlich einen Erben zu haben, Rechnung tragend, erwarb der Vater weiteren Besitz in Gastein.

So vergingen die Jahre, welche dem nun schon 57jährigen aber dennoch drahtigen Erzherzog ein allsommerliches Wechselspiel von

Waidwerk und Wasserkuren bot. Als nun Johann im Juli 1841 vernahm, König Friedrich August II. von Sachsen gedenke ihn zu besuchen, arrangierte er sogleich für seinen gekrönten Gast eine Gamsjagd im Anlauf, zu welcher auch der Erzbischof von Salzburg, Fürst Schwarzenberg, geladen war. Friedrich August, mit Erzherzogin Karoline, einer Tochter von Kaiser Franz I., vermählt, stand in enger Wesensverwandtschaft mit Johann, weit über die ohnehin gegebenen familiären Bande hinaus: Wie der Habsburger war auch der Sachsenkönig der Naturwissenschaft zugetan, und als naturverbundener Mensch durchstreifte er mit besonderer Vorliebe die Gebirgsgegenden Tirols. Diese Jagd bedeutete beiden ungeheuer viel.

Aber nicht nur hochrangigen Jagdgästen wurde die Ehre des Jagens zuteil, und so mag es auch nicht erstaunen, daß so manch jagdlich ambitionierter Kurgast sich ganz unvermittelt, aber sicher mit stolzgeschwellter Brust zu gemütlichem Waidwerken eingeladen sah. Nicht umsonst vermerken zeitgenössische Reisende in ihren Beschreibungen dieses liebenswürdige Charakteristikum des Erzherzogs. „An den Jagdzügen ins Gebirge kann wohl auch ein jagdgeübter Wildbadegast Anteil nehmen, wenn gerade der Erzherzog anwesend ist. Alsodann werden Gamsjagden veranstaltet. Da finden sich die Eingeladenen früh drüben am Hause des Fürsten an der Landstraße in graulodenen Jägerjoppen und grünen Hüten mit Jagdstutzen ein, Gebirgsstöcke und Steigeisen nicht zu vergessen. Auf Saumpferden, der Erzherzog mit Sohn voraus, gehts nun nach dem Kötschach- und Anlauftale bis dahin, wo man zu Fuß den Gemsen entgegensteigt. Nachmittags bemühen sich die Damen nach Böcksstein, wo ein Imbiß eingenommen und der Rückzug angetreten wird, die Jäger mit den Gemsen auf dem Rücken, deren Hörnchen, wenn sie getrocknet sind, zu Geschenken dienen." Tatsächlich wurden damals Trophäen kaum aufbewahrt, sondern zu Messergriffen und ähnlichem verarbeitet. Auch der Erzherzog erwähnt nachträglich bedauernd: „Viele wurden in Innsbruck verarbeitet …"

„Der Erzherzog mit Sohn voraus" – Johann, selbst früh gereift und nun von liebenswürdig feiner Weisheit, genoß das späte Glück der Vaterschaft fast schon mit der entrückten Zuneigung eines Großvaters – und wahrhaftig bildete er mit seinem Sohn eine Einheit. Ihm, dem jungen, vitalen Sproß eines alten Stammes, widmete er seine größte Aufmerksamkeit, und fürwahr, der kleine Franz hatte einen hochkarätigen Lehrprinzen zur Seite, der ihm außer dem Waidwerk auch seine Liebe zur Natur vermitteln konnte. Anno 1846, als die Familie wieder in Gastein weilte, erlegte der Siebenjährige auf der Reichebene seinen ersten Gams.

Einen Monat, bevor der junge Kaiser Franz Joseph zur Jagd in den Brandhofer Revieren eintraf, trägt Johann am 7. August 1855 in sein Tagebuch ein: „Auf meinem Stande wenige Pflanzen, nur die Priumla Glutinosa blühte in Menge. Da saß ich allein im Sonnenschein, meinen Gedanken freyen Lauf ungestört lassend. Mir war wohl. Ich dachte an das Treiben der Menschen, an den Krieg in der Krim, eine wahre Strafe Gottes, an den Ehrgeiz, Selbstsucht, Eitelkeit etc. und dankte dem Herrn, daß er mir und den Meinigen Frieden gegeben. Ich möchte mit niemandem tauschen. Gemsen sah ich genug, zuerst kamen vor mir 40, lauter Geißen und Kitze, die waren sicher, daß ihnen nichts geschieht. Als diese weggezogen, trennte sich ein alter Bock, den nahm

Als ich den grauen Rock in der Steiermark einführte, geschah es, um ein Beispiel der Einfachheit in Sitte zu geben. So wie mein grauer Rock, so wurde mein Hauswesen, so mein Reden und Handeln. Das Beispiel wirkte, der graue Rock, von manchen verkannt, von den Besseren erkannt, wurde ein Ehrenrock, und ich ziehe ihn nicht mehr aus.

Erzherzog Johann im Spätherbst 1824 in einem Brief an Anna Plochl.

Franz Joseph 1855: als Waidmann ein Jünger des Großonkels.

ich aufs Korn und schoß ihn. Alles was, noch später kam, ließ ich gehen, ich hatte genug mit meinem Schusse."
Selbst mit 77 Jahren stieg er, wie nahezu jeden Sommer, viele Stunden bei Sonnenglut auf weglosem Gelände in die steilen Höhen. Er nahm diese Härten gern auf sich, denn „so ein Tag ist für manches Ersatz, eine Gnade des allgütigen Vaters." Am 2. September 1858 vermerkt er: „Ich blieb allein auf meinem Sitz (im Kötschachtal), als Lehne ein kleines Gebüsch, so saß ich zwei Stunden, nach und nach kamen Gemsen. Auf mein Gewehr kein Vertrauen, da es beim Einschießen einen gewaltigen Kurz- und Linksschuß zeigte, mein erprobtes altes Gewehr war in Graz vergessen worden." Dennoch gelang es ihm, zwei zu strecken. Und weiter: „... Wimpffen hatte zwei geschossen, die anderen alle nichts, obgleich sie ihr Gewehr losgebrennt und Gemsen genug gekommen waren." Acht Tage darauf und rund neun Monate vor seinem Tod erlegte er an der Naßwand seine beiden letzten Gamsböcke in Gastein.

Pulverflasche in Gold und Hinterglasemail aus dem frühen 17. Jhdt., Kunsthist. Museum.

Gödöllő

Die Geschichte Gödöllös beginnt mit der Karriere eines Mannes, der als „Bettelstudent" anfing und sich am Ende seiner Tage mit den uralten Magnatenfamilien messen konnte. Dabei war er kein Glücksritter und Abenteurer, wie sie sein Jahrhundert, das achtzehnte, so häufig hervorbrachte. Der Aufstieg des Anton Grassalkovics de Gyarak wies vielmehr den Duktus jener Epochen auf, in denen die Devise „Freie Bahn dem Tüchtigen" bereits Geltung hatte. Unwillkürlich denkt man bei der Betrachtung seines Lebensweges an weltliterarische Romanfiguren, findet gewisse Anklänge an den „Wilhelm Meister", ja seine harte Jugend hat sogar Züge jener Schicksale, die Dickens beschrieb – aber eben alles ins Ungarische transponiert. Seine Biographie eignet sich zum erbaulichen Beispiel. Grassalkovics war ein Selfmademan des Barock, der außerordentliche geistige Fähigkeiten und Umsicht entwickelte – und ein gehöriges Quantum an Kalkül. Gleichsam als Stratege seiner selbst vorgehend verstand er es, planmäßig, Zug um Zug, das Seinige an Besitz und Ansehen zu mehren. 1694 in dem Dorf Ürmény im Neutraer Komitat geboren, stammte er aus kleinen Verhältnissen und wurde zudem bald Vollwaise. Laut Überlieferung bei Klostersuppen aufwachsend, „doch von Natur mit einem starken Verstand und Unternehmungsgeist ausgestattet", erweckte er die Aufmerksamkeit von Förderern. Eine entbehrungsreiche Jugend bewahrte ihn wahrscheinlich später vor der Hoffart im Glück. Zur Erinnerung an jene Zeiten hob er seinen alten Speisenapf auf, aber nun in Gold gefaßt, ein Symbol der Demut, die ihn der Umgang mit Franziskanermönchen gelehrt hatte, aber auch des berechtigten Stolzes auf das aus eigener Kraft Erreichte. Vor die Berufswahl gestellt entschied er sich für die Jurisprudenz und wurde Advokat in Preßburg. Man rühmte an ihm „grosse Rechtlichkeit, hervorragendes Rednertalent und konziliantes Wesen". Als Verteidiger in heiklen Verfahren machte er sich bald einen Namen, und dieses Renommee wiederum brachte ihm in der ungarischen Königsstadt Würden und Ämter ein. So wurde er zu einer ihrer tonangebenden Persönlichkeiten. Noch war er Junggeselle, erst der Vierzigjährige dachte an eine Verehelichung, und als er vor den Traualtar trat, führte man ihm als Braut eine Gräfin Klobusitzky zu. Ob sie jung und „anmuthig" war, ist nicht bekannt. Jedenfalls verfügte sie über ansehnliche Vermögenswerte.

Grassalkovics, seit 1736 Baron, wucherte mit seinem eigenen und ihrem Pfund, wobei sich die dramatischen politischen Ereignisse für ihn sehr günstig auswirkten. Man schrieb das Jahr 1741, als Maria Theresia in ihrer Bedrängnis, Hilfe von den Ungarn erhoffend, nach Preßburg eilte. Mit allem Einsatz seiner Rhetorik oder, wie wir heute sagen würden, als Propagandist, warb er unermüdlich für die Sache der Habsburgerin. Bei jener berühmten Szene, dem lebenden Historienbild, als Maria Theresia mit ihrem kleinen Sohn Joseph auf dem Arm im ungarischen Reichstag vor die Magnaten trat, und der Anblick der jungen Frau und Mutter die Mächtigen des Landes zu einem begeisterten Treuegelöbnis hinriß, hatte er wesentlichen Anteil, ja gleichsam die Funktion eines Regisseurs.

Die Anerkennung blieb nicht aus. 1743 wurde er in den Grafenstand erhoben und fünf Jahre später zum Präsidenten der ungarischen Hofkammer ernannt. Sein stetig wachsender Reichtum hatte ihm den Kauf

Vorhergehende Seite: Reiterliches „Meet" vor dem Schloß, von Julius v. Blaas in Aquarell skizziert.

Geschenk der ungarischen Nation an sein Königspaar: das einstige Grassalkovics-Schloß.

von Gütern ermöglicht. Bei solchen Transaktionen soll der eifrige Bekenner der Marienverehrung nicht immer nach den christlichen Geboten gehandelt haben. Zu seinen Erwerbungen zählte auch Grund in dem gottverlassenen Dorf Gödöllö, und gerade dort ließ sich der Herr eines Preßburger Stadtpalais, als ein Mäzen des ungarländischen Barock ein großes Landschloß errichten. Erst damit wurde er zumindest in puncto Lebenshaltung dem alten magyarischen Adel ebenbürtig. Der Bau der Anlage, 1741 begonnen, dauerte bis 1749, ausgeführt von dem aus Salzburg gebürtigen Andreas Mayerhoffer, der im Kreis Lukas von Hildebrandts nach Ungarn gekommen war, als Maurerpolier am Prinz Eugen-Schloß Ráckeve mitgearbeitet hatte und als Baumeister in Pest heimisch geworden war.

Ungarische Kunsthistoriker schließen aus Stilvergleichen, daß der magyarisierte Salzburger nicht nur Anregungen seines Meisters umsetzte, sondern sich auch an Barockbauten Oberungarns – der heutigen Slowakei – orientierte, nämlich dem Esterházy-Schloß in Cseklész, nun Bernolákovo, und der Residenz des Kardinals Imre Graf Csáky in Magyarbél (slowakisch Velky Biel). So entstand in dem bisher

Gödöllö wurde vor 1900 fotografisch dokumentiert: hier ein Seitentrakt ...

ziemlich öden Landstrich ein großzügig geplanter Palast mit prächtig ausgestatteten Räumen.
Und nun kam die zweite große Stunde im wahrhaft merkwürdigen Leben des Grafen Grassalkovics, denn anno 1751 reiste die Herrscherin zur Eröffnung des ungarischen Reichstages wieder nach Preßburg. Einer ihrer Charakterzüge war die Fähigkeit, dankbar sein zu können. Niemals vergaß sie jene Menschen, die sich Verdienste um sie erworben hatten. Als sie den Grafen mit der Würde eines Hüters der heiligen Stephanskrone auszeichnete, mag sie zu ihm gesagt haben: „Er ist mir in schweren Zeiten mit Rat und Tat treu zur Seite gestanden. Ich bin Ihm sehr gewogen." Diese Huld seiner Königin ermutigte ihn zu einer in aller Devotion vorgetragenen Bitte: Ihro Majestät würde ihn überglücklich machen, wenn sie ihm die Ehre eines Besuches auf Gödöllö erweisen wollte. Maria Theresia zeigte sich durchaus geneigt, diesem Wunsch zu entsprechen. Sogar schon in Bälde.
Eine solche Entscheidung war auch deshalb von Bedeutung, weil die Augustissima bis dato noch nie die Einladung eines Adeligen akzeptiert hatte, der nicht zu den Großen ihres Reiches zählte. Im August desselben Jahres 1751 brach das Herrscherpaar von Wien auf. Diese Reise gestaltete sich zu einem Triumphzug mit allem Gepränge und allen Mirakeln grandios inszenierter magyarischer Gastfreundschaft. Kavalkaden des Adels mit seinen „Banderien", dem Gefolge an Leibhusaren, Bannerträgern und Landleuten der Domänen, gaben den Gästen das Geleit. In der Art, ein solches festliches Ereignis zu erleben, berührten sich zwei Kulturen: die westliche, abendländisch-höfische

.. und das Vestibül mit den Stiegenaufgängen.

und das starke Kolorit des in seinen Formen eigenständigen Ungartums uralten Gepräges. Zum ersten Mal betrat Maria Theresia den Boden Pests, wenige Jahrzehnte nach dem Ende der Türkenherrschaft über diese Stadt.

Eine Strecke Weges vor Gödöllö erwartete der Schloßherr mit seinen Scharen bei Fackelschein die Besucher. Was nun folgte, war eine einzige Serie von Banketten, Besichtigungen, Ausfahrten und Divertissements. Den Abschluß bildete ein Ball, bei dem im Schloß und im Garten mehrere tausend Personen zu Gast gewesen sein sollen. Ein theresianisch-ungarischer Sommernachtstraum! An diesem Abend trug Maria Theresia „ein ungarisches, reich mit goldenen Ornamenten besticktes blaues Moirékleid, ein funkelndes Diadem mit herabwallendem, kostbarem weissen Spitzenschleier. So trat sie, vom schimmernden Mondlicht umflossen, wie eine Märchenkönigin auf den Balkon in die warme Augustnacht hinaus und wurde mit begeistertem, nicht endenwollendem Jubel beim feurigen Csárdásreigen und den wilden Klängen der Zigeunergeigen und Zymbals vom jauchzenden Volk begrüßt."

1766 mit dem Großkreuz des Stephansordens ausgezeichnet starb der Graf 1771 im nach damaligen Begriffen biblischen Alter von siebenundsiebzig Jahren. Als Anonymus hatte er einst begonnen und später ein Geschlecht begründet, ein „Haus" geschaffen. Noch zu seinen Zeiten erfolgte der weitere Ausbau Gödöllös. Für die Gestaltung des Prunksaales lieferte, so wird vermutet, Maria Theresias Hofarchitekt

Nikolaus Paccassi, der Vollender des Schlosses Schönbrunn, die Entwürfe. Es war ein reiches Erbe, das Grassalkovics seinem Sohn Anton hinterließ. Dieser, mit dem Amt des königlichen Oberstallmeisters betraut, verheiratete sich mit einer Tochter aus einer der bedeutendsten Magnatenfamilien des Landes, Prinzessin Maria Anna Esterházy – die Tendenz des Aufwärtsstrebens setzte sich also in der zweiten Generation fort. Kaiser Joseph II. erhob ihn 1784 in den erblichen Reichsfürstenstand. Auch er ließ in Gödöllö Veränderungen vornehmen, ebenso sein Sohn Anton (III.). Darin spiegeln sich die Wandlungen des Zeitgeschmacks und auch die Auffassung, eine solche architektonische Schöpfung sei kein Werk, an das ein für allemal

Die Säle und ein Schlafgemach boten noch das Erscheinungsbild des Theresianischen. Der Alkoven

würde sich im 1. Akt des „Rosenkavalier“ ganz stilecht ausnehmen.

letzte Hand gelegt wurde. Allerdings blieb in der Baugeschichte, die vom Spätbarock bis zum Klassizismus reichte, das Theresianische vorherrschend.

Eine sonderbare Fügung des Schicksals: die ruhmreiche Historie des Hauses Grassalkovics beschrieb die Bahn eines Meteors, der aufleuchtet und erlöschend im Dunkel versinkt. Der Enkel des einstigen Preßburger Advokaten verstarb 1841 ohne männliche Nachkommen. Rasch geriet der Name wieder in Vergessenheit, in Wien war er um 1910 nur mehr eine vage Reminiszenz aus längst vergangenen Tagen, die undeutliche Gestalt eines Kavaliers des 18. Jahrhunderts, lebendig bloß noch im Topographischen, als Bezeichnung eines Palais beim

Augarten, das der Sohn des Gründervaters 1787 erworben hatte. 1850 kaufte Gödöllö einer der prominentesten Männer des Wiener Wirtschaftslebens, Georg Baron Sina, damals bereits mehrfacher Schloßherr. Aber die direkte, persönliche Beziehung zwischen dem Besitzer und dem Bau war nicht mehr gegeben. Dabei fehlte es dem Bankier nicht an historischer Pietät; er ließ erneuern, was der Erneuerung bedurfte. Sein Sohn Simon scheint ein kühlerer Rechner gewesen zu sein. Offenbar hatte er kein großes Interesse an der Domäne da drüben in Ungarn. Jedenfalls veräußerte er sie 1864 an ein belgisches Bankenkonsortium – deutsame Zeichen einer neuen Zeit. Was die Herren aus Brüssel damit vorhatten, bleibt Vermutungen anheimgestellt. Tatsache ist, daß sie bald bereit waren, darauf zu verzichten, denn 1867 stimmten sie dem Anerbieten zu, Gödöllö an die ungarische Krone zu verkaufen. Der Grund für diese Initiative war die Königskrönung Kaiser Franz Josephs – übrigens die erste, die nicht in Preßburg, sondern in Budapest stattfand. So wurde die Erwerbung zu einem Akt patriotischer Gesinnung. Gödöllö war nun das Geschenk der Nation an ihr Herrscherpaar.

Elisabeth kannte das Schloß schon seit dem Sommer 1866, als sie mit den Kindern längere Zeit in Buda verbrachte. Dieser Aufenthalt war durch die Situation des Krieges gegen die Preußen bedingt, es ging um die Sicherheit der Familie, rechnete man damals bei Hof doch sogar schon mit der ultima ratio, einer Flucht vor dem heranrückenden Feind, wie einst in den Zeiten Napoleons. Außerdem war die Kaiserin die ideale Mittelsperson, um in ihrer ersten und einzigen politischen Mission in Ungarn, wo das Trauma von 1849 noch mächtig nachwirkte, die Sache Österreichs zu vertreten. Als sie im August 1866 den Wunsch äußerte, wieder nach Gödöllö zu fahren, mahnte Franz Joseph brieflich zur klugen Zurückhaltung: „Schaue es Dir aber nicht so an, als wenn wir es kaufen wollten, denn ich habe jetzt kein Geld, und wir müssen in diesen harten Zeiten ungeheuer sparen."

Um 1877, als Franz Joseph noch Parforcejagden ritt. Später verschwand der rote Frack aus seiner Garderobe.

Die glückliche Herrscherfamilie in Gödöllö: eher Illusion als Wirklichkeit.

Wohl denkbar, daß die ungarischen Patrioten hofften, Gödöllö werde sich im weiteren zu einem magyarischen Potsdam entwickeln, einer Herrscherresidenz in der Nähe der Metropole. Zumal die Königin, wegen ihrer Liebe zum Land und zum Volk das Idol der begeisterungsfähigen Ungarn, sicherlich ihren Einflug geltend machen würde, nämlich im Sinn jenes Passus des Krönungseides, in dem geschrieben stand, der König verspreche, regelmäßig für einige Zeit des Jahres in Ungarn Aufenthalt zu nehmen.
Freilich, der König entsprach nur allzugern diesem Punkt. Schon zehn Tage nach der Intabulierung, am 21. März, zog es ihn zum Schnepfenstrich in die umliegenden Wälder. Und auch der Königin erschien die Nähe zu ihrem Gemahl – zunächst – erträglicher, da sie an diesem wahrhaft equestrischen Terrain Gefallen finden mußte. so waren es die Parforce-Jagden im umgrenzten Teil rund um das Schloß, welche das Herrscherpaar als Gemeinsamkeit suchte, ja vielleicht sogar empfand. Es war aber der kleinste gemeinsamme Nenner, und selbst das aus unterschiedlichen Beweggründen.
Elisabeth schätzte das sportive Element, der König hingegen,

Gödöllö liegt in einem von Waldhügeln und Weinbergen umschlossenen Landstrich theils auf einer Hochebene, theils in der Niederung des Rákos. Die Thalsohle erhebt sich hier schon über 200 Meter hoch und bildet die Wasserscheide zwischen dem in die Donau fallenden Rákos und der Galga, also unmittelbar der Theiß zufliessenden Gewässern. Der sandige Boden ist sehr reich an Quell- und Brunnenwasser. Das Klima darf als sehr gesund gelten; ansteckende Krankheiten wie auch die Cholera pflegen die Gegend zu verschonen.

Trauer um eine große Freundin: Nach Elisabeths Tod sollte in Gödöllö ein Denkmal der geliebten Königin errichtet werden.

obgleich ein tüchtiger Reiter, hoffte den Fluchtinstinkt seiner rastlosen Gemahlin zu lindern. Ja, er überwand für sie sogar seine sonst in Revierangelegenheiten geübte Sparsamkeit, nur damit sie aufwendig angelegte Reitjagden englischen Stils pflegen konnte. Eigens für diesen Zweck mußte eine „englische Meute" eingeführt werden, und im nahen Ort Galgamácsa wurde ein weiteres Jagdschloß errichtet, um den zahlreichen berühmten Herrenreitern der Monarchie und der restlichen mondänen Welt eine adäquate Bleibe zu bieten. Da dieser Teil des Geländes nicht die erforderliche Wilddichte aufwies, wurde auf „Allerhöchsten Auftrag" in ausgepolsterten Transportkästen, per Bahnexpreß nach Gödöllö – Station Rákos-Palota bei Pest – aus dem kaiserlichen Tiergarten Lainz, Rotwild verfrachtet.
Doch nach wenigen Jahren entdeckte die Königin Mängel in dieser sonst sehr reizvollen Landschaft. Die Waldungen, befand sie, wirkten störend, sie behinderten den ungehemmt freien Ausritt, den sie wohl als prickelnd empfunden haben mochte. Einige offene Gräben waren zuwenig reizvoll, um als Hindernis zu gelten. Gemessen an ihrer schon ans Verwegene grenzenden Perfektion mußte ihr das doch als zu

GAUSE

hausbacken erschienen sein. Wie anders ging es da doch in Irland oder England zu! Ja, dort verstand man es eben, mit der Kavalkade halsbrecherisch über hohe Gatter hinwegzusprengen. Der Sportartikel Gödöllö verlor seine Spannkraft, das Interesse daran erschlaffte. Elisabeth kam nun immer seltener in die Herrschaft, die als die ihre gedacht war.

Wie so oft fand sich Franz Joseph mit den Capricen seiner Gemahlin ab, zumal ihm dieses Domizil sehr wohl behagte. In Gödöllö fand er jenes Rückzugsgebiet vor, das er aufsuchte, falls ihn die Wiener allzu sehr ärgerten. Hier war er in erster Linie Familienmensch und Waidmann, der fernab jeglichen Zeremoniells die private Sphäre schätzte. „Die Mahlzeiten verliefen hier weniger steif, besonders im Herbst, wenn der in frischer Luft verbrachte Jagdtag die Tafelrunde müde und zu weniger Förmlichkeiten geneigt machte. Dem Waidwerk war dann fast jeder Tag gewidmet. Es war uns allen oft zuviel, die großen Wildmengen mußten jedoch abgeschossen werden. Der Oberförster und Jagdleiter Pettera spannte uns deshalb tüchtig ein… " erzählt Ludwig von Höhnel, wir kennen ihn bereits aus Ischl. Man darf nun annehmen, daß sich erwähnter Pettera auch dem Flügeladjutanten Seiner Majestät gegenüber eines Tones befleißigte, mit dem sich für gewöhnlich altgediente Feldwebel bei ihren galizischen Rekruten Gehör zu verschaffen pflegten.

Pettera war ein eigenes Gewächs: Zweifellos hatte er seine Meriten, was die Wildhege und die Organisation anbetraf, worunter man damals die „größtmögliche Vertilgung und Verfolgung des Raubzeuges" verstand, welches den Niederwildbesatz von Hasen und Fasanen gefährdete. Dies merkte auch die Jagdpresse lobend an. Aber sonst galt er als ausgesprochen unangenehm und borstig. Freiherr von Margutti skizzierte ihn als „… von sich außerordentlich eingenommenen alten Mann, der in seiner Jugend Kammerdiener gewesen war…". Zu dieser im Kreise Franz Josephs sicherlich nicht alltäglichen Figur pflegte der Monarch ein besonderes Verhältnis. Oft sah man die beiden alten Herren in freundschaftliche Konversation vertieft, „wie er sie selbst mit den Offizieren seiner nächsten Umgebung nie zu führen pflegte… Seine Brust zierten Dekorationen, die kaum je ein aktiver General besessen haben dürfte."

Ihm gegenüber ließ er Nachsicht walten, auch als dieser seinen Allerhöchsten Jagdherren prompt hinterging. Sein Schwiegersohn, Prinz Leopold von Bayern, der Gemahl Erzherzogin Giselas, wuchs Franz Joseph im Laufe der Jahre nun doch ans Herz, obwohl er eigentlich keine „Partie", aber der einzige verfügbare katholische Prinz für Gisela war. Er galt als das „jagdliche Schoßkind" des Monarchen, wie ihn Ketterl bezeichnete. Er war der von Franz Joseph eindeutig bevorzugte Waidgefährte. Nur eines verwehrte ihm der Herr Schwiegerpapa hartnäckig: doch einmal einen Keiler schießen zu dürfen. Immer aber hatte der Kaiser erwidert: „Was denn nicht noch?! Geh auf Hirsche und Rehe, von denen kannst du schießen, soviel du willst!" (Tatsächlich hatte er im Revier Szt. Király freie Büchse, und nicht nur dort, Anm. d. Autors). „Einmal jedoch gelang es dem Prinzen, den kaiserlichen Jagdleiter Pettera herumzukriegen, sodaß dieser ihn auf Schwarzwild führte. Der Kaiser vernahm die Schüsse und fragte nachher den Jagdleiter: ‚Sie, Pettera, haben Sie die Schüsse gehört, beziehungsweise, mit wem haben Sie gejagt?' ‚Halten zu

Wiederholt im Jahre pflegt Kaiser Franz Joseph einen mehrtägigen oder längeren Aufenthalt in Gödöllo, Ungarn, zu nehmen und dort dem Waidwerke zu huldigen. Das Gödöllöer Leibgehege umfaßt einen Flächeraum von rund 50.000 Jochen, und zwar 24.000 Joch kronherrschaftlicher Wälder, 12.000 Joch Ökonomiegründe und 14.000 Joch zugepachtete Gemeindejagden. Durch eine große Mannigfaltigkeit an Wild sind diese Gehege ein Dorado für den Weidmann. Edelwild von stämmiger Rasse und Rehwild, bemerkswert im Massiv des Hauptschmuckes, sowie Schwarzwild haben dort ihren Stand in freier Wildbahn; Fuchs und Wildkatze laufen in dem urwüchsigen Forste, Hase und Rebhuhn gedeihen in den Feldern und Enten sowie Wasservögel jeglicher Art bevölkern Teiche und Gerinne. Seit dem Jahre 1880 ist eine nachhaltige Hebung, insbesondere der Federwildstandes, zu verzeichnen. Damals wurden in einer Waldparcelle von 300 Jochen in der Nähe des Schlosses 20 Fasannen, 6 Hähne und 100 Paare Rebhühner ausgesetzt. Trotz des vielen Raubzeuges – denn auch Habicht, Weihe, See- und Steinadler kehren zum Raubzuge ein – konnten bereits im nächsten Jahre 85 Fasane und 300 Rebhühner abgeschossen werden. Sämtliche Waldungen von Gödöllö, auch die entferntesten, sind gegenwärtig mit Fasanen besetzt, und es wurden zum Beispiel im Vorjahr über 4000 Stück dieses farbenprächtigen Federwildes – zumeist nur Hähne – erlegt. Bei der großen Ausdehnung der dortigen Forste ist gegenwärtig niemand imstande, nur annähernd die

Vorhergehende Doppelseite:
Der Wiener Genremaler Wilhelm Gause war 1897 Augenzeuge eines Jagdfrühstücks bei Gödöllö, als Franz Josephs Gäste:

Besatzung anzugeben. Daß deren Zahl weit über 10.000 reicht, ist für denjenigen glaubwürdig, der Gelegenheit hat, dort zu jagen. Auch wurden mehr oder minder gelungene Versuche gemacht, fremdes Wild zu acclimatisieren, so mit dem amerikanischen Bronzeputer, mit exotischen Fasanen und Birkwild. An Raubwild ist trotz eifriger Beknieung desselben kein Mangel. Es werden jährlich im Durchschnitt 200 Füchse, 20 Wildkatzen und 1400 Marder, Iltisse und Wiesel erlegt und gefangen. Im Jahre 1897 sind im Gödöllöer Leibgehege (eingeteilt in die Reviere: Isaszegh, Válkó, Babat, Masca, Szt. Jakob, Visegrad, Monostór und Nagy-Máros) insgesammt 11.376 Stück Nutzwild, und zwar 50 Hirsche, 144 Thiere und Kälber, 22 Wildschweine, 67 Rehe, 3.335 Hasen, 631 Lapins (Kaninchen), 5 amerikanische Puter, 2 Königs- und 4.260 Edelfasane, 2.460 Rebhühner, 110 Waldschnepfen und 290 Wildenten und Wachteln erlegt worden. Hievon hat der Monarch 4 Stück Hochwild, 6 Wildschweine, 1 Rehbock, 51 Hasen, 6 Lapins, 198 Fasanen, 3 Rebhühner und 2 Waldschnepfen geschossen. Im Jahre 1896 erlegte der Kaiser 3 Hirsche, 2 Wildschweine, 1 Rehbock, 22 Hasen, 213 Fasanen, 1 Rebhuhn und 5 Waldschnepfen. Die Gesammtstrecke des Kaisers aus dem Gödöllöer Gehege belief sich im letzten Decennium 1888 bis 1897 auf: 36 Hirsche, 58 Thiere, 28 Wildschweine, 29 Rehböcke, 387 Hasen, 1.315 Fasanen, 23 Rebhühner, 27 Schnepfen, 3 amerikanische Puter, 1 Birkhahn, 7 Füchse und eine beträchtliche Anzahl Lapins.

Gnaden, Majestät', stotterte der Jagdleiter in tödlicher Verlegenheit, ‚ich war mit dem Herrn Prinzen Leopold. Aber seine königliche Hoheit haben nur einen Frischling erlegt, eigentlich war es – überhaupt nur ein Ferkel!' ‚So?' meinte der Kaiser mißtrauisch. „Nun, das Ferkel möchte ich mir einmal ansehen!' Was blieb übrig? Man führte den Allerhöchsten Jagdherrn in den Schloßhof und da lag denn auch ein starker Keiler auf der Decke. ‚Sie, Pettera!', entfuhr es dem Kaiser unwillig, ‚lassen Sie sich Ihr Lehrgeld zurückgeben, wenn Sie einen Frischling nicht von einer Sau unterscheiden können.'" Seine Tochter Gisela besänftigte ihren Vater, und tags darauf sah man sie wieder im trauten Gespräch.

Welch andere Gunst wurde doch da dem vierzehnjährigen Erzherzog Joseph zuteil. Er war der Enkel des Palatins und Sohn des ebenfalls auf den Namen Joseph getauften Oberbefehlshabers der königlich ungarischen Honvédtruppen. Vater und Sohn Joseph erhielten eine Einladung zur Jagd nach Gödöllö. Der Herr Papa ließ sich allerdings entschuldigen, da er heftig von Ischias gepeinigt wurde. Dieser, als kühner Waidmann bekannte Herr ließ es übrigens nicht bei seiner militärischen Funktion bewenden. Vielmehr war er einer jener habsburgischen Privatgelehrten, die in der Wissenschaft Beachtliches zu leisten vermochten und darin auch einen Lebensinhalt fanden. Diesem war nun ein Faible für Zigeuner zu eigen, seine Studienobjekte hatte er ja auch gleich vor der Haustür. Joseph ortete „ihre anerkannten Fähigkeiten, bloß die Neigung für den Ackerbau fehlt..." Diesen Nomadenstamm ansässig zu machen hatte sich Erzherzog Joseph zu seiner patriotischen Aufgabe gemacht. Also erlernte er vorerst ihre Sprache, die er bald beherrschte. Dann stellte er Vergleiche an mit „Sanskrit, Prakrit, Hindostan, und den Zigeunersprachen des übrigen Europa." Das Resultat dieser Forschung, darunter ein mehrbändiges Wörterbuch, publizierte er im Rahmen der Königlichen Akademie der Wissenschaften und setzte damit einen Meilenstein in der Ethnologie. Erwähnt werden muß auch, daß sich dieser rege Geist zudem als erster Gärtner des Königreiches verstand, und seine Herrschaft Alcsúth als die Mutteranstalt sämtlicher ungarischer Ziergärten galt, die von dort ihre exotischen Setzlinge bezogen. Es dürfte auch heute wenigen Budapestern und schon kaum einem jetzigen Cisleithanier bekannt sein, daß es dieser habsburgerische Hortologe war, der aus dem einstigen, gemiedenen Gelsennest mit seinen gartengestalterischen Fähigkeiten ein beliebtes Naherholungsgebiet schuf, die Budapester Margaretheninsel.

Ohne seinen hochkarätigen Vater also fuhr der junge Erzherzog gemeinsam mit seinem König im Wagen zur Jagd. „Ich war überglücklich und gab gewissenhaft darauf acht, daß ich alles, was mir mein Vater eingeschärft hatte, genauestens einhalte: ‚Wenn du neben seiner Majestät stehst, darfst du nicht auf etwas schießen, was er ins Ziel genommen hat oder was zwischen euch durchwechselt, höchstens wenn du siehst, daß er nicht zu schießen beabsichtigt'. Plötzlich erhob sich bei den Treibern großes Geschrei: Disznó, Disznó! (Sauen, Sauen!) Ich sah, wie der Kaiser zielte, aber nicht schoß." Joseph hielt sich im Sinne seines Vaters, wenn auch schweren Herzens, handelte es sich doch um einen Keiler. „Nach dem Trieb kam der Kaiser auf mich zu und fragte mich, warum ich denn nicht geschossen hätte? Ich getraute mich nicht, ihm zu antworten. Mit gütig verstehendem

Generaladjutant Graf Paar, Rudolf Prinz Liechtenstein und Erzherzog Ferdinand (Großherzog von Toscana).

Lächeln nahm er mein Kinn in die Hand: Ich danke dir, mein Kind! Aber wenn wir Komplimente machen, werden wir nichts schießen! Ein anderes Mal sollst du schießen, wenn dir was gut zu Schuß kommt. Übrigens konnte ich diesmal gar nicht, weil mir die kleine Bodenrippe beinahe den ganzen Keiler verdeckte.
Im nächsten Trieb meldete der Jägermeister Pettera, bevor man die Schützen aufstellte, daß in dem Bestand viele Sauen festgestellt worden seien. Er bitte darum, daß Seine Majestät am Rückwechsel stehen möge. Es sei ein besonders guter Stand. Sobald Schüsse fielen, würden die Sauen ganz bestimmt hier zurückwechseln. Franz Joseph blickte fragend auf mich und gebot Pettera, daß man mich dorthin stellen möge. Selbstverständlich behielt Pettera recht. Nach Beendigung des Treibens kam der Kaiser mit anderen Gästen und blieb bei der auf der Linie liegenden Bache stehen. Ich lief hin. ‚Ich gratuliere dir. Hat einen schönen Schuß! Und was hast du noch gestreckt?' ‚Noch eine solche und einen vielleicht 230 Kilo schweren Keiler!' ‚Na, na, so schwer wird er wohl nicht sein!' Die Treiber zogen nun den Kapitalkeiler heraus, und die Majestät rief: ‚Bravo! Aus dir wird ein guter Jäger werden. Übrigens glaube ich, daß in Gödöllö noch nie so ein starker Keiler erlegt worden ist!' Pettera kratzte sich den Kopf und meinte: ‚Der war für Euer Majestät bestimmt.' Der Kaiser antwortete mit einer abwehrenden Handbewegung. Den Keiler schenkte er mir mit der Bemerkung, es freue ihn, daß ich solches Waidmannsheil gehabt habe." Welche Gefühlsregung mag wohl den sechsundfünfzigjährigen Monarchen zu dieser hochherzigen Geste, gerade bei einem Keiler, bewogen haben? Vielleicht war es der „alte Waidmann", der sehr wohl wußte, was dieses Erlebnis gerade für einen Jungjäger bedeuten mußte. Überhaupt entwickelte er zu dem Sohn seines Cousins eine herzliche Vertrautheit, ja er räumte ihm anno 1894, wieder nach einer Jagd, ein wahrlich seltenes Privileg ein: „,Wenn du mit mir sprechen willst, brauchst du nicht um Audienz zu bitten. Komme einfach – wann immer – unangesagt zu mir. Wenn du ungestört mit mir reden willst, ist es am besten zwischen halb fünf und halb sechs Uhr morgens. Da stört uns niemand.' Von da an kam ich stets um diese Zeit zu ihm. Ich klopfte einfach an und fand ihn an seinem Schreibtisch sitzend, seine Regalia Media-Zigarre rauchend, und immer wieder wurde ich mit väterlicher Güte empfangen."
Treibjagden der oben erwähnten Art waren nun beliebtes Winterprogramm. Für sich allein bevorzugte Franz Joseph den Ansitz, und Frau Schratt wird wieder aufs genaueste unterrichtet. „Abends saß ich in einer unterirdischen Hütte bei einem Platze im Wald, wo den Wildschweinen Kukurutz gestreut wird, um womöglich eines zu schießen, allein ich hörte nur welche ganz in der Nähe grunzen und pfnausen, aber zu sehen bekam ich keines ..." Etwa zweieinhalb Wochen später: „Vorgestern abend bin ich endlich mit Erfolg in der unterirdischen Schweinehütte gesessen. Als es bereits ziemlich finster war, und nachdem ich fast 1 1/2 Stunden gewartet hatte, kamen zwei zahlreiche Wildschweinfamilien mit einer Menge Frischlingen und ich schoß eine starke Bache ..." oder: „Vorgestern ist mein Schwiegersohn um 1/2 4 Uhr früh in Gödöllö angekommen und bereits um 4 Uhr fuhr ich mit ihm auf die Pirsch, bei welcher er zwei Hirsche erlegte und einen anschoß, während ich deren zwei fehlte, was ich meinem Alter, den schwachen Augen und vor allem den Brillen zuschreibe, mit denen ich immer zu tief schieße..."

Parforce-Kavalkade in Gödöllö: eine „Blend" aus ungarischem Reitergeist und englischem Sportsgeist.

Franz Joseph und Elisabeth in Gödöllö.

Der letzte erhalten gebliebene Brief aus Gödöllö ist mit 12. November 1904 datiert und ebenso von Selbsterkenntnis geprägt: „Mittwoch nachmittag bei einer Schweinehütte wieder 2 Becker, von denen einer sehr stark und fast ganz weiß war, gefehlt oder schlecht angeschossen und nur 2 Frischlinge mit einem Schusse erlegt. Es will eben wegen zunehmender Altersschwäche mit dem ruhigen Schießen gar nicht mehr gehen...

Ihr Sie innigst liebender Franz Joseph"

Erzherzog Friedrich als Jäger in Bellye

Vorhergehende Seite:
Erzherzog Friedrich in Béllye, um 1895. Als einziges Mitglied des Erzhauses besaß er großes kommerzielles Talent.

Ein weiteres von Friedrichs ungarischen Jagdschlössern: Köriserdö, für Gäste eingerichtet.

Auch in Österreich hat der Name „Béllye" einen guten Klang und sind die capitalen Geweihe, die in den dortigen erzherzoglichen Revieren Jahr für Jahr erbeutet werden, Gegenstand der Bewunderung aller Jagdfreunde. Wenigstens der Beschreibung nach kennt die gesamte Jägerwelt die mächtigen Kopfzierden der Béllyer Edelhirsche, diese prächtig vereckten, reichgeperlten Trophäen von seltener Auslage und Stärke. Im Geiste sieht auch der Fremdling diese Giganten in freier Wildbahn aus den dunklen Forsten den lockenden Äsungsplätzen zuziehen oder zur richtigen Zeit den nicht minder capitalen Rivalen aufsuchen, ihn herausfordernd mit orgelndem Rufe zum gewaltigen Kampfe, der, wie seit uralter Zeit, die Entscheidung bringen soll über Tod und Leben, Untergang oder Sieg. Verhältnismäßig von gleicher Stärke ist hier auch das Rehwild, mit Gehörnbildung, wie solches anderswo gleichfalls kaum zu finden. Ritterliche Schwarzkittel, wehrhafte Gesellen mit scharfem Gewaff, brechen hier den Boden und schlagen sich in ihre Kesseln ein; mordgierige Wildkatzen bedrohen unzähliges Gethier; Füchse, Dachse, Fischotter, Marder, Wildgänse, Kormorane, Enten, Rohrhühner, Fasane, Rebhühner u. dgl. m. schaffen erwünschte Abwechslung, und hoch oben in den Lüften ziehen königliche Aare ihre wundervollen Kreise.

Das Jagdschloß Béllye.

Ein erlegter Hirsch wird in Béllye gewogen, 1898.

Béllye – Mit diesem Dorado der edlen Jagd ist auch der Name des erlauchten Jagdherrn, des Erzherzogs Friedrich und seines allzeit getreuen Forstmeisters Pfennigberger innig verbunden – und daß dieses herrliche Revier in so ausgezeichneten Händen, dessen freut sich wohl neidlos jeder richtige Jagdfreund. Mir aber wird mein grünes Wamms zu enge, wenn ich des gerechten Waidwerkes des fürstlichen Jägers gedenke, der seiner großen Passion mit dem gleichen Verständnisse, der gleichen Ausdauer und – Humanität huldigt. Sobald der Erzherzog seine schmucke Uniform mit dem schlichten Kleide des Waidmannes vertauscht, ist er eben Jäger jeden Zoll, der, ein Feind allen Gepränges, sein Wild am liebsten ohne jede Begleitung anpürscht und, da er seltene Ausdauer besitzt, so sind seine Pürschen in der Regel auch von bestem Erfolg gekrönt. Von spartanischer Einfachkeit leistet der Erzherzog auf jeden Luxus Verzicht und rücksichtslos ist er nur gegen seine – Jagdstiefel, deren Schäfte sich beim Durchwaten verschiedener Gewässer recht häufig als zu kurz erweisen. Daß Wild zu Holze geschossen wird, kommt beinahe nie vor, und zwar umsoweniger, da der erlauchte Jagdherr allenfalls nöthige Nachsuchen beinahe ausnahmslos selbst leitet und nicht eher ruht, bis das beschossene Stück zur Strecke gebracht wurde. Nur dann, wenn die Pürsche schwerem Wilde gilt, wird irgend ein Organ zur Begleitung befohlen, und zwar lediglich zu dem Zwecke, um allenfalls erlegtes Wild nach Hause zu schaffen oder um Schweißhunde herbeizuholen, wenn eine Nachsuche nöthig werden sollte.

„Für Erzherzog Friedrich blieb Kaiser Franz Joseph unnahbar, er haßte an ihm die geschäftliche Ader, die er mit der Erzherzogswürde für unvereinbar hielt"; vermerkt Eugen Ketterl. Dennoch wußte Franz Joseph zu trennen: Zur Hirschbrunft fand er sich doch in Bélly ein. Nun, Friedrich war tatsächlich der privat wohlhabendste Habsburger seiner Zeit. Einen Großteil seines beträchtlichen Vermögens stellte seine wirtschaftlich mustergültig organisiserte Domäne Bélly im damaligen Südungarn dar. Zusammen mit den Besitzungen in Teschen und Ungarisch-Altenburg wurden sie von Erzherzog Carl, dem Sieger von Aspern, zum Fideikommiß erklärt.

Erzherzogin Isabella, der Thronfolger und Erzherzog Friedrich kehren mit Jagdbeute nach Köriserdö heim, 1898.

Carl war ein Erbe des Herzogs von Sachsen-Teschen, der andere war ja Erzherzog Johann. Gegen Ende des 19. Jahrhunderts umfaßte allein das Gut Bélly 627 Quadratkilometer, davon entfielen 19.000 Hektar auf reines Waldgebiet. Während des Ersten Weltkrieges, solange der greise Monarch lebte, führte Friedrich das österreich-ungarische Armeekommando, eine Berufung, die Kaiser Franz Joseph veranlaßt hatte, und in die sich der Erzherzog zwar fügte, aber selbst zugab, daß „er nicht der richtige Mann hiefür sei."

Über die Jagderfolge des Erzherzogs Friedrich in den Revieren von Béllye während des verflossenen Jagdjahres ist folgendes zu berichten:

Schon im Monate März lockte es den passionierten Waidmann hinaus in sein Lieblingsrevier zur Schnepfenjagd, und erzielte der hohe Jäger in der Zeit vom 21. bis 24. des genannten Monats eine Strecke von 29 Waldschnepfen. An einem dieser Tage, und zwar unmittelbar nach eingenommenem frugalem Mahle, wurde ein Gelegenheitstrieb auf Schwarzwild arrangiert. Kaum hatten die wenigen Treiber den Trieb begonnen, so überfielen auch schon zwei Keiler den schmalen Durchhau. Das erste schwächere Stück unbeschossen lassend, steckte der Erzherzog im Augenblicke darauf den folgenden capitalen Keiler mit hohem Blattschuß in Feuer. Als die Treiber schon ziemlich nahe waren, passierte noch eine Bache flüchtig den Durchhau, die ihr nachgeschickte Kugel durch sofortiges Zusammenbrechen quittierend. Rasch erhob sich jedoch das stark angeschweißte Stück wieder, um dem anstoßenden Waldtheile zuzuflüchten. Nach kurzer Zeit wurde die Sau schon verendet aufgefunden. Zwei Schwarzkittel hatten die Treiberwehr durchbrochen und retteten so mühelos die eigene Schwarte.

Vom 28. März bis 28. April hielt sich der Erzherzog in Köriserdö auf, um während dieser Zeit, ohne jede Begleitung, fleißig zu pürschen. Das Resultat dieser Pürschen war folgendes: 4 Wildschweine, 18 Rehböcke, 4 Füchse, 3 Wildkatzen, 1 Edelmarder, 10 Waldschnepfen, 6 Stockenten und 34 Stück Verschiedenes.

Die Wildschweine wurden auf ziemlich schwierigen Abendfußpürschen, während ihres Brechens im Wasser, welches mitunter recht tief war, gestreckt. Auch ein „coup double" auf Schwarzwild gelang bei dieser Gelegenheit, indem das eine Stück im Stehen während des Brechens, das zweite Stück in der Flucht in dem Moment erlegt wurde, als dasselbe eine kleine Rohrblöße überfiel.
Derartige Pürschen sind eine ziemlich anstrengende Sache, und gar oft kommt der hohe Herr von solchen Jagdzügen zum Entsetzen des gesammten Gefolges gänzlich durchnäßt und schlammbedeckt in sein Heim zurück; was jedoch weder seine Laune noch sein Wohlbefinden zu beeinflussen vermag.
Von den erlegten Wildkatzen ist zu bemerken, daß eine derselben im Baue bestätigt, durch Foxterrier gesprengt und beim Herausfahren aus dem Baue gestreckt worden ist. Der Edelmarder wurde aus seinem, auf

einem Baue befindlichen Tageslager, im Augenblicke des Absprunges aus demselben, geschossen.
Im Herbst, zur Zeit der Hirschbrunft, weilte der Erzherzog vom 11. bis 19. September, dann vom 25. des genannten Monats bis zum 12. Oktober in seinen Jagdrevieren von Béllye und streckte derselbe in dieser Periode einen capitalen Zwanzigender, der jedem Kenner unvergeßlich bleiben wird, 3 Sechzehnender, 3 Zwölfender, 13 geringe Hirsche, 1 guten Keiler, 1 Wildkatze, 1 Rehbock, 2 Seeadler, 1 Schelladler, 10 Stockenten, davon 9 Stück an einem Abendanstand, 6 Bekassinen, 4 Kormoranen und 16 Stück Verschiedenes.
Bei dem vortrefflichen Wildstande der Reviere von Béllye ist es selbstverständlich, daß der erlauchte Jagdherr nur ausgezeichnetes Hundematerial verwendet; was speciell Altmeister Pfennigbergers Schweißhunde sowohl auf frischer als auch auf kalter Schweißfährte, dann in bezug auf Ausdauer, Stellen des Wildes, nachhaltendes Verbellen, Todtverbellen etc. leisten, ist oft ganz erstaunlich. Die vorjährigen Hirschjagden gaben in einzelnen Fällen genügenden Anlaß, um das zur Verwendung gelangte Hundematerial zu erproben. So wurde ein mit hohem Vorderlaufschuß vom Erbprinzen Croy in Petres auf der Abendpürsch angeschweißter guter Sechzehnender am nächsten Tag nachgesucht. Der kranke Hirsch hatte in der Nacht einen Donauarm übersetzt, ging in die Eindämmung nach Ludas, passierte auf seinem Gange breites, sumpfiges, teilweise überschwemmtes Schilfgelände, übersetzte einen zweiten, abgedämmten, alten Donauarm, ging nach Köriserdö, wurde dort vor der Schweißhündin hoch, von dieser dann gestellt, um endlich vor derselben den Fangschuß zu erhalten. Anfänglich war reichlich Schweiß vorhanden, derselbe hörte indes nach dem erwähnten ersten Übersetzen über die Donau fast gänzlich auf. Der Weg, den die Nachsuche nahm, mochte vielleicht 5 bis 6 Kilometer betragen haben. Erzherzog Friedrich, der diese interessante Nachsuche vom Anfang an bis zum Ende mitmachte, war von der brillanten Leistung der braven Hündin sehr befriedigt ...
... Wie wir sehen, wird in den Béllyer Revieren kein Stück Edelwild zu Holze geschossen. Jäger und Hunde verstehen eben die Arbeit und ruhen nicht eher, bis das beschossene Stück zur Strecke gebracht wurde. Die vorerwähnten zwei Seeadler erlegte der Erzherzog vom Schirme aus mit der Büchse. Diese Schirmjagden basieren darauf, daß die vornehme Sippe der Adler gewisse, meistens gipfeldürre, hohe Eichen, welche weiten Ausblick gestatten, mit Vorliebe zum Ruheplatz wählt. Dieser Eigentümlichkeit Rechnung tragend werden bei den als Adlersitzbäume bekannten Eichen Schirme aus Fall- oder Schwemmholz errichtet. Diese Schirme bezieht der Schütze, während ein oder zwei Jäger in weitem Bogen die Waldriegel und entfernteren Waldränder abgehen, um die dort an heißen Tagen im Baumschatten ihre Verdauungsruhe haltenden Adler aufzuscheuchen oder sie aus den Lachen, wo sie herumwatend fischen, aufzutreiben. Die in dieser Art aufgescheuchten Adler streichen ziemlich weit fort und blocken dann auf hohen Bäumen, wo sie gute Umschau halten können, auf. Kommt nun der Adler auf einen Baum, bei dem ein Schirm steht, und ist dieser vom Schützen besetzt, so fällt es nicht schwer, den königlichen Aar mit der Kugel herabzuholen. Der Schrotschuß ist aus dem Grunde verwerflich, weil der sehr zählebige Adler den Schuß mit fortnimmt und erst lange nachher eingeht.

Der Wald von Blászovicza in der Herrschaft Béllye, Graphik aus einem der Ungarn-Bände von „Die österreichisch-ungarische Monarchie in Wort und Bild“.

Bei der Ausübung der Schirmjagd ist darauf zu achten, daß der Schütze, wenn er das Aufschlagen der Fänge hört, sich längere Zeit vollständig ruhig verhalte. Erst dann, wenn der mißtrauische Vogel die Situation unter und neben dem Baume gehörig observiert hat und, nachdem dies geschehen, hauptsächlich mehr in die Ferne äugt, mag der Schütze den Büchsenlauf ruhig aus dem Schußloche stecken, gehörig visieren, abdrücken und – polternd wird dann die herrliche Beute zur Erde schlagen.
Erzherzog Friedrich kultiviert diese Schirmjagden schon aus dem Grunde mit Vorliebe, weil sie recht häufig Gelegenheit bieten, auch anderes geflügeltes Raubzeug wie Schreiadler, Schelladler, Wanderfalken, Hühnerhabichte u. dgl. m. auf dem Fallbaum zu beobachten. Es sei hier bemerkt, daß der Seeadler in Béllye ziemlich häufig vorkommt, ja dort Nistvogel ist. Die Herrschaft besitzt in ihren ausgedehnten Riedwäldern mindestens zwölf bis fünfzehn besetzte Horste, die grundsätzlich nie beschossen werden, und gibt es dort – Dank der auch in dieser Beziehung vorsorglichen Jagdleitung – Horste, die durch fünfzehn und mehr Jahre ununterbrochen besetzt sind, wenn die flachen Lachen auszutrocknen beginnen und die darin gebliebenen Fische den Adlern zugänglich werden, kommen diese mächtigen Vögel – und auch andere Arten – von fernen Gegenden zugezogen, und sind Fälle nicht selten, daß fünf bis sechs auf einem Baume aufgeblockte Adler erschaut werden können. Dann ist die Zeit gekommen, auf diese königlichen Tiere zu jagen, ohne sie auszurotten.

Wie in vielen anderen habsburgischen Revieren war Kaiser Wilhelm II. auch in Béllye zu Gast.

Erzherzogin Isabella, energische Mutter vieler Töchter, erwies sich im Revier zielsicherer als bei Heiratsplänen.

Den gleichfalls erwähnten Schelladler endlich holte der Erzherzog gelegentlich einer Wagenfahrt in Petres von einer hohen, gipfeldürren Eiche, auf sehr weite Distanz, mit seinem Mannlicher herab. Der präzise Schuß drang dem Adler mitten durch die Brust.
Der Gesammtabschuß auf der erzherzoglichen Herrschaft Béllye im Jahre 1900 war folgender: 139 Edelhirsche, 308 Stück Kahlwild, 42 Rehböcke, 5 Gaißen, 58 Stück Schwarzwild, 84 Hasen, 137 Waldschnepfen, 24 Moorschnepfen, 14 Fasane, 120 Wachteln, 50 Wildgänse, 262 Stockenten, 16 Rohrhühner, 41 Füchse, 7 Wildkatzen, 2 Dachse, 5 Fischotter, 2 Marder, 5 Iltis und Wiesel, 6 Adler, 3 Uhu, 51 Habichte und Falken, 12 Sperber, 313 Elstern und Krähen, 126 Fischreiher, 32 Komorane und 85 Hunde und Katzen.
Dem erlauchten Jagdherrn ein ehrfurchtvolles Waidmannsheil!

Aus: Waidmannsheil, 1901

Eines der mehr als zwanzig Jagdhäuser, die Erzherzog Friedrich im Gebiet von Teschén besaß. Dort wurde vorwiegend im Winter gejagt.

Sehnsucht nach Konopischt

Immer dann, wenn das Seelengefüge – das ihm zu unrecht abgesprochen wird – eine Störung erfuhr, konzentrierte er sich stets auf Konopischt. Es mag wohl eine Exilanten-Mentalität mitgespielt haben, die in symbolhafter Materie etwas Halt zu bieten scheint. So wie jener Steirer, der sich in Roseggers Gedicht eine Hand voll Erde erbat, war möglicherweise auch das Tannenbäumchen aus Konopischt zu bewerten, welches der an offener Tuberkolose leidende Erzherzog Franz Ferdinand auf seiner Nilreise in Ägypten, am Weihnachtsabend aufstellte.

Dieses rätselvolle Land der Khediven war damals groß in Mode, man schrieb dem Klima speziell bei Lungenleiden stabilisierende Wirkung zu. Und so fanden sich ebenso begüterte wie bresthafte Europäer in diesem „Salzkammergut des Orients“ ein, um der Linderung gewärtig zu werden, welche die Ärzte so eifrig propagierten.

Einer jener Rekonvaleszenten war übrigens auch der junge Münchner Komponist Richard Strauß, der im Jahre 1892 über Korfu und Athen nach Kairo gelangte, um seine Gesundheit wiederherzustellen.

Es sei auch nur am Rande vermerkt, daß an dieser Stelle ein Plädoyer für die kräftige Wirkung des Bieres gehalten werden muß, wenn auch nur im Sinne der vielzitierten Umwegrentabilität. Schließlich war es sein braugewaltiger Onkel Pschorr, der den 28jährigen Richard mit

Hofjagd. Wie uns aus Göding telegraphiert wird, fand dortselbst am 26. November die erste diesjährige große Hofjagd im Ratischkowitzer Reviere statt. Die Jagdteilnehmer kamen mit einem Hofseparatzuge einige Minuten nach 8 Uhr an und stiegen beim Wächterhause 106 nächst Göding ab, woselbst sich zum Empfange der Inspektor der Allerhöchsten Güter kais. Rath F. Beck, der Inspector der Allerhöchsten Forste, Hofjagdleiter Liegle, der kais. Jagdleiter Franz Vodicka und der k.k. Bezirkshauptmann Baron v. Fries u. A. eingefunden hatten. In einem im Walde aufgestellten, herrlich decorierten Zelte wurde das Frühstück eingenommen, worauf sich

die hohen Gäste nach ihren Ständen begaben. Gejagt wurde von Ratischkowitz gegen Zbrod. An der Jagd nahmen teil: Die k. u. k. Hoheiten Erzherzog Franz Ferdinand, Erzherzog Otto, Erzherzog Karl Stephan und Erzherzog Peter Ferdinand; vom diplomatischen Corps am k. u. k. Hofe: Excellenz Clemens Freih. v. Podewils-Dürnitz, Fürst Phil. Eulenburg, Mahumed Nédim Bey, Marquis Frederic Reverseaux de Rouvray und Graf Nigra. Ferner der Minister des k. u. k. Hofes und des Äussern Graf Agenor Gouluchowski, Reichskriegsminister Baron Kielmansegg, G. d. C. Graf Paar, Statthalter Graf Kielmansegg u. s. w. Die Jagd, die einen sehr günstigen Verlauf nahm, leitete Kais. Jagdleiter Vodicka. Zur Strecke wurden circa 3000 Stück verschiedenes Wild gebracht.

einer wohlgefüllten Reisekasse versah und so dessen Genesung vorantrieb. Doch nehmen wir wieder Kurs auf Konopischt, den unbestrittenen Heimathafen des Thronfolgers. Der Erwerb des Schlosses mag wohl zweifellos die glücklichste Fügung gewesen sein, die ihm widerfuhr – abgesehen von der hartnäckig erkämpften Heirat mit Sophie Gräfin Chotek. Umso schlimmer mußte Prinz Lobkowitz die Nötigung empfunden haben, diesen Herrschaftssitz samt den dazugehörigen Liegenschaften im Ausmaß von 5.400 ha zu veräußern.
Konopischt, ehemals Wallenstein'scher Besitz, war der Hauptsitz des sogenannten Křimcer Astes der Familie Lobkowitz. Und der sprichwörtliche Stein des Anstoßes, stammt gleich tonnenweise aus einem Steinbruch nächst Konopischt. Eines Tages traf aus Berlin eine Bestellung über so und soviele Pflastersteine ein, die Stadt gedachte die Straßen neu einzukleiden. Unerklärlicherweise entsprachen die im Format nicht den vertraglich vereinbarten Maßen – kurzerhand wurde die Ladung retourniert. Der Verlust war enorm, und 1887 fand die Liegenschaft einen neuen Besitzer, der dem mittlerweile desolaten Bauwerk zu ungeahnter Leuchtkraft verhelfen sollte.
Und hier offenbart sich eine neue Facette. Zutiefst vom Bestreben erfüllt, sich hier eine wahre, behagliche Heimstätte zu schaffen, ging Franz Ferdinand zu Werke. Mit beträchtlichem finanziellem Aufwand und großem Einfühlungsvermögen, was die historische Substanz anbetraf, trachtete er unter den Aspekten des Denkmalschutzes, dem

Im letzten Herbst des langen Friedens: Kaiser Wilhelm II. hielt sich vom 23. bis 25. Oktober 1913 beim Thronfolger in Konopischt auf. Auch als Waidmann trug er stets eine – persönliche – Uniform, die seine österreichischen Gastgeber etwas seltsam fanden …

Schloß sämtliche Errungenschaften der neuen Zeit einzufügen. Badezimmer wurden installiert, komfortable, mit einer Sitzgelegenheit ausgestattete Lifte eingebaut, ebenso eine Zentralheitzung; ja sogar ein kleines Kraftwerk gewährleistete die Stromversorgung. Überhaupt war Franz Ferdinand ganz im Gegensatz zu seinem Oheim – einer der ersten Habsburger, der sich praktikabler Modernismen gegenüber nicht nur aufgeschlossen war, sondern sich ihrer auch sofort bediente. Dieser Denkungsart entspricht auch seine Idee, in Beneschau, also nur drei Kilometer von Konopischt entfernt, Expossituren der wichtigsten Ministerien und zentralen Ämter zu etablieren, damit auch während seines Aufenthaltes in dem Retiro die Arbeit nicht ruhen mußte.
Welches Entsetzen mußte wohl die Kunde ausgelöst haben, „der Erzherzog reißt das altehrwürdige Brauhaus ab!" – Was er auch tatsächlich tat, nun, es war dennoch keine Trockenlegung, die Brauerei wurde in das nahe Beneschau transferiert, ebenso wie das vielbesuchte Ausflüglergasthaus, das dem gleichen Schicksal entgegensah. Systematisch erwarb er Bauernhaus um Bauernhaus und – beseitigte es. Der „Ort" Konopischt war nun nur noch das Schloß. Er wollte sich einen Freiraum schaffen, und auf diesem Gelände entwuchs nun ein unerhört weitläufiger Park.
Hier kam der Gärtner Franz Ferdinand ganz seinen Neigungen nach. Tagelang sah man ihn in der künftigen Parkanlage umherfahren, um das geeignete Arrangement zu treffen, welcher Baum wo seinen Stand-

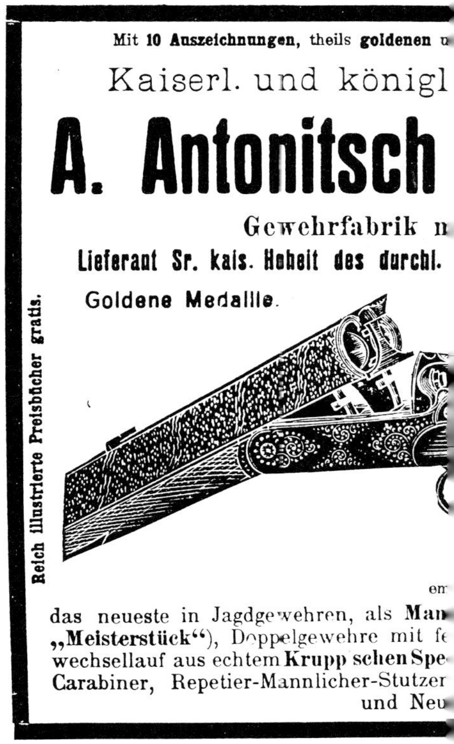

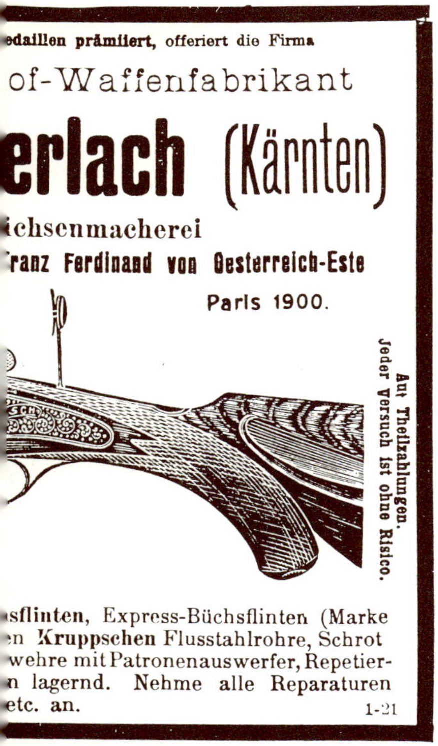

Ein Eheleben in völliger Harmonie: In Konopischt fühlte sich Franz Ferdinand als Gutsherr und Familienvater am wohlsten.

Die Terrasse des Schlosses Konopischt – wie auf allen seinen Besitzungen „inszenierte" der Thronfolger den Bau und die Landschaft nach seinen individuellen Vorstellungen.

ort haben würde. Aus den renommiertesten Baumschulen der Welt trafen Setzlinge und Samen ein. Einen alten Baum zu fällen, dazu konnte er sich nur schwer entschließen, es sei denn, dies war unvermeidlich. Als passionierter Rosenzüchter verhalf er dem Park zu Weltgeltung.

Sämtliche Forstverwaltungen des Oberstjägermeisteramtes wurden beauftragt, alle im Revier vorkommenden wilden Heckenrosen zu inventarisieren, sodann wurde festgestellt, welche für Blühnbach oder Konpischt geeignet waren. Entsprachen sie, so wurden sie okuliert und als Eilgut an den jeweiligen Bestimmungsort versandt. Eine beträchtliche Anzahl entstammte übrigens dem kaiserlichen Tiergarten Lainz. Und diesem Rosengarten kommt gleichsam eine unfreiwillige und ebenso unrichtige politische Bedeutung zu. Kaiser Wilhelm II. war selbst ein passionierter Rosenfreund. Auch hierin lag eine gewisse Einmütigkeit zwischen den beiden verkannten Protagonisten europäischer Historie. Als Wilhelm am 12. Juni 1914 den Thronfolger besuchte, waren eher obige Gründe der Anlaß des Kommens. Und um seinem Gast seinen Landsitz wahrhaftig in voller Blüte zu präsentie

ren, wurden „ganze Blumengruppen mit künstlicher Hilfe wie Begießen mit warmem oder genau temperiertem Wasser zum Blühen gebracht." Nun, es war ein zwangloses Beisammensein, dem der Kaiser ein Telegramm am nächsten Tage folgen ließ: „Heimgekehrt möchte ich Dir und Deiner Gattin nochmals von ganzem Herze Dank sagen für die köstlichen Stunden, die ich bei Euch in Klingsors Zaubergärten habe verleben dürfen. Ich bewundere Deine Meisterschaft im Organisieren und den feinen Farbensinn, der in Deinen Auen zum Ausdruck kommt. Hier herrliches Wetter. Die Rosen in meinem Rosengarten zum größten Teil in Blüthe. Rhododendron blüht noch trotz 3 Wochen Regen. Waidmannsheil. Viele Grüße an alle. Wilhelm."
Vielleicht war es diese empfundene Bewunderung, die Franz Ferdinand dazu bewogen hatte, den Park auch einem größeren Publikum zugänglich zu machen. So zeigte er sich milde im Gespräch mit denen,

Genrebild aus jener Welt: eine Jagdgesellschaft böhmischer Adliger 1899 vor einem der damals beliebten „Tyrolerhäuser".

die aus Prag, Tabor und der weiteren Umgebung, meist in Sonderzügen, hierherkamen und diese Geste wohl sicherlich nie von ihm erwartet hätten. Doch als „Kriegshetze" werteten nach dem „Weltenbrand" die Alliierten das Treffen.
Man suchte nach „abhörsicheren Räumen". Diese unhaltbare, von England ausgehende Behauptung wurde auch – ob bewußt oder nur aus Unkenntnis – durch ein Foto scheinbar belegt. „Am Nachmittag des zweiten Tages ließen sich Kaiser Wilhelm und der Erzherzog im Konopischter Park mit allen Gästen und Gefolge fotografieren. Auf dem Bild sind u. a. Graf Hans Wilczek (mit Spitzbart in der Mitte sitzend, unter Kaiser Wilhelm) und Graf Adolf Waldstein (im Hintergrund links von Kaiser Wilhelm) zu sehen.
Ententeblätter haben diese Fotografie reproduziert und sie als Beweis für den in Konopischt abgehaltenen Kriegsrat hingestellt, indem sie die Anwesenheit von Tirpitz, Bethmann-Hollweg und Berchtold feststellten. Der als deutscher Reichskanzler Dr. Theobald von Bethmann-Hollweg verkaufte Herr war niemand anderer als Hans Graf Wilczek (der Erbauer der Burg Kreuzenstein, Anm. d. Autors) und der sogenannte österreichisch-ungarische Minister für Äußeres, Leopold Graf Berchtold, war Graf Waldstein."
So stellt der wohl berufenste Biograph und heute profundeste Franz Ferdinand-Kenner, Wladimir Aichelburg, den Sachverhalt richtig. Bis vor kurzem noch ergoß sich allerdings die gleichsam „ungeklärte" Version über ein staunendes Publikum, das den Führungen beiwohnte.
Doch kehren wir zurück in die Hallen von Schloß Konopischt. Auch hier ist es müßig zu erwähnen, daß die Ausgestaltung vom starken Sammeltrieb des Thronfolgers geprägt war. Bald war er ein geschätzter Kunde aller bedeutenden Antiquitätenhändler weit über die Grenzen der Monarchie hinaus.
Dabei war diese Sammelleidenschaft nicht von purer „Besitzgier" geleitet, vielmehr war er der „Konservator", der Bewahrer und „Hüter" seiner Objekte, dem es sicher auch um den pädagogischen Zweck ging. Nicht umsonst trug er sich mit dem Gedanken, ein überregionales Völkerkundemuseum zu etablieren, in dem die Volkskunst aller in der Monarchie vertretenen Länder ausgestellt und natürlich auch wissenschaftlich dokumentiert werden sollte. Einige Objekte dieser umfangreichen Sammlung befinden sich heute im Österreichischen Museum für Volkskunde, dessen Protektor der Thronfolger war.
In dieses Sammelgebiet, einem aufgrund seiner Vielzahl eigenständigen Block, fällt auch des Erzherzogs vielgerühmte Sankt Georg-Kollektion, 3750 Variationen über ein Thema. Von der simplen Volkskunst bis zu barocken Plastiken, Wirtshausschildern, Teppichen etc., jegliche Darstellung in jedweder Form fand hier ungeachtet der Epoche oder des künstlerischen Wertes ihren würdigen Platz.
Und selbstverständlich wurden in Konopischt auch sämtliche Waffen dokumentiert, inklusive Pulverhörner und dergleichen. Als wohl wertvollste Sammlung galt die Estensische, die ursprünglich in Wien, im Palais Modena, untergebracht war. Erst 1894 wurde sie sukzessive nach Konopischt überstellt. Einen interessanten und vor allem einen authentischen Eindruck dieses bewohnbaren Museums gibt ein Zeitgenosse wieder: „Vom Rittersaale der Burg, welchem die ganze, in nüchternen Zeiten verlorene und verdorbene Stilgröße zurückgewonnen worden ist, schlüpfen wir in ein buen retiro, das zur behaglichen

Im Konopischter „Krickelsalon" war gewiß ein Rekord der Trophäenschauen erzielt. Inmitten der Gehörne blieb kaum Platz für Bilder.

Ruhe lockt: die maurische Rauchstube. Sie bietet den üppigen Comfort des Orients, dem sie in tadelloser Treue und Echtheit nachgebildet ist. Diese Teppiche und Polster, diese Pfeifen und Flinten hat der Schloßherr selbst aus den Maurenlanden heimgetragen; – auch den Orient hat er mit wachenden Augen des Sammlers durchpilgert, das sagt uns das reizende Zelt-Zimmer, in welchem sich kostbare Teppiche zum Baldachin wölben. An die Tage von Algier erinnert es; die wunderbaren Gewebe, die wir hier bestaunen, waren von fleißigen Händen algerischer Jüdinnen zu Hemden gewoben, aus den Bazaren haben sie den Weg in diese kleine orientalische Welt im österreichischen Norden gefunden.
Ja, man wandert selbst durch die Welt, wenn man durch das Schloß dieses fürstlichen Weltreisenden eilt, und darf wählen nach seinem Herzen. Ob wir im englischen Salon oder in der gemütlichen Tiroler-Stube, in den mit erlesenen Werken und zahllosen prächtigen Widmungen gefüllten Bibliotheksälen, im streng gothischen Cabinet oder im Maurenzelt weilen … Nichts ist fremd in diesem Schlosse." Damit wollen wir uns wieder dem jagdlichen Bereich zuwenden, der sich nicht nur in seiner Bibliothek widerspiegelt – die Jagdliteratur beläuft sich auf mehrere tausend Bände –, sondern auch in den Trophäen an den Wänden, die zum allgemeinen Erstaunen größtenteils Namen aus der nächsten Umgebung Wiens tragen: Mannswörth, Eckartsau, Lainz oder Hüttel-

Besonders unsympathisch berührte unseren Kaiser Wilhelms schier krankhafte Sucht, stets glänzen zu wollen, die Vorliebe des „Berliner Kollegen" für theatralisches Auftreten, dieses ständige „In anderer Aufmachung Erscheinen", bald als „Lohengrinritter", bald als „Admiral der nördlichen Meere", dann wiederum in der Husarenattila- oder in sonstiger militärischer Montur, oder gar in der Hofjagduniform. Diese „Verkleidung", der hochgeschlossene doppelreihige, militärisch geschnittene Rock mit den langen Schößen, die hohen „Kanonen" (Schaftstiefel) an den Beinen, der kleine, gekniffene graugrüne Hut mit dem doppelten, mächtigen Spielhahnstoß und dazu die umgehängten Orden und der Hirschfänger mit dem Portepee am Gurt machte auf uns einen operettenhaften Eindruck. Wie anders, wie jägerischer dagegen sah unser Kaiser in seinem schlichten, weidgerechten „Gewand" aus!
Als ich einmal in Gegenwart eines Büchsenspanners Wilhelms II. hierüber eine abfällige Bemerkung machte, meinte der norddeutsche Kollege: „Na ja! Jedes Tierchen hat seine Manierchen, das heißt, jedes Land hat seine Kleidermode. Wollten wir im ostpreußischen Sand oder in der märkischen Heide mit nackten Knien und kurzen ‚Ledernen' herumlaufen, würde das noch viel ‚doller' aussehen. Im Jebirg mag ja wohl eure Tracht nicht ganz so ohne sein, aber bei uns im Flachlande, wo es eklige Dornen und Jestrüppe jibt, jeht sich's in hohen Stiebeln, ooch wejen der vielen Brennesseln, bequemer. Übrigens, werter Freund und Zeitgenosse, denken Sie mal jütigst nach, wie man zur Zeit eurer ollen Maria Theresia uff die Jagd jing. Wat? Joldbetreßt und in Jamaschen bis an die Halskrause und ner jroßen Blechtute" (Hifthorn).

Eugen Ketterl, „Der Alte Kaiser"

dorf. Und auch einige Stopfpräparate in ein wenig klobiger Pose. Hier war auch Kaiser Wilhelm als Jagdgast anzutreffen, wo am 25. Oktober 1913 eine Jagd auf Fasan und Rebhuhn abgehalten wurde. Freilich wurde auch hier unermüdlich an Verbesserungen der Revierstrukturen gearbeitet. Und trotz hoher Abschußziffern gab es in Konopischt, Chlumetz, Lölling, Artstetten, in den Revieren des Kaiserhauses oder der zum Familienfonds gehörenden Herrschaften, wo Franz Ferdinand die Hege beeinflussen konnte, soviel Wild wie niemals vor- und nachher.

Das Waidwerk im Wiener Huldigungsfestzug von 1879

Reisjagd (Mitte des XVI. Jahrhunderts) Ei
den, ein Knecht zu Pferde, ein Anführer z
Gemsjagd (zur Zeit Kaiser Max I.) Ein A
zwanzig Jägern.
Hirschjagd (erste Hälfte des XVI. Jahrhun
ein Anführer zu Pferde, fünf Cavaliere
Triumphwagen (Zeit Kaiser Max I.) Ein
mit einem Hornquartett und vier Trabar
Saujagd (erste Hälfte des XVI. Jahrhunde
Anführer zu Pferde, fünf Cavaliere zu
Bärenjagd (erste Hälfte des XVI. Jahrhun
Bärenbeißern), ein Anführer zu Fuß, zw
Falkenjagd (1. Hälfte des 16. Jahrhundert
Falkenknechte mit den Falken, ein Anf
Piqueure (Jagdknechte zu Pferde).

der Hubertusfahne, fünf Knechte mit Hun-
Cavaliere, eine Rotte von zwanzig Jägern.
'uß, vier Cavaliere zu Fuß, eine Rotte von

'ägerknechte mit Leit- und Schweißhunden,
: Rotte von zwanzig Jägern.
nit zwei Trabanten zu Fuß. Der Jagdkönig

lenmeister zu Fuß, drei Rüdenknechte, ein
Rotte von zwanzig Jägern.
igerknechte mit schweren Hunden (Doggen,
zu Fuß, eine Rotte von zwanzig Jägern.
:nechte zu Fuß mit den Stöberhunden, fünf
rde, sechzehn Falkoniere zu Pferde, drei

Aus dem offiziellen Programm

Die historischen Jagdgruppen

Wien beschloß, anläßlich der Silbernen Hochzeit des Monarchen einen Festzug zu veranstalten. Er sollte „einen Akt der Huldigung bedeuten, dargebracht dem Kaiserpaare von den Vertretern der Bürgerschaft und des Bergbaues, der Industrie, des Handels und Verkehrs". Solch ein Gepränge hatte es in Wien bisher noch nicht gegeben, wohl auch deshalb, weil vordem die räumlichen Voraussetzungen dafür fehlten, eine Via Triumphalis als Szenerie, samt den Möglichkeiten für den An- und Abmarsch langer Kolonnen. Anderswo, z. B. im München König Ludwigs I., hatte die Romantik die Idee derartiger Manifestationen aufgegriffen und realisiert, angeregt durch die graphischen Zyklen Albrecht Dürers, Albrecht Altdorfers und Hans Burgkmairs für Triumphzüge Kaiser Maximilians I.

Denn die Teilnehmer der Hauptgruppen sollten im historischen Kostüm auftreten – merkwürdig, dieses retrospektive Moment im Zeitalter des beginnenden Fortschrittglaubens, der seine neuesten Errungenschaften doch entsprechend, eben modern, präsentieren müßte, indes völlig im Einklang mit der Kulturwelt des Historimus, als Zeichen des Geschichtsbewußtseins und der inneren Verbindung „zu der stolzen Vergangenheit". Der Auftrag, das Prunkzelt für den Hof vor dem äußeren Burgtor zu errichten und den eigentlichen Festplatz zu gestalten, erging an einen noch jungen, vielversprechenden Architekten namens Otto Wagner.

Für die Gesamtgestaltung des Festzuges aber kam in Wien nur einer in Betracht: Hans Makart. Er, der als Maler seit seinem meteorhaften Aufstieg die Kaiserstadt faszinierte und in seinem Atelier in der Gußhausstraße eine pompöse Bilderwelt beschwor, die in ihrer Brokatschwere dem Venedig Paolo Veroneses näher war als dem Wienerwald, hatte den Ruf eines Kostümkenners par excellence. Historische Gewandung bedeutete für ihn nicht Verkleidung, sondern das Inszene eines leidenschaftlichen Augenmenschen. Wer sonst als er wäre der ideale Regisseur und Schöpfer eines Schaugepränges mit enormem Fundus und einer Überfülle der Erscheinungen?

Im Akkord fertigt Makart als Spiritus Rector eines Mitarbeiterstandes die Entwürfe dieses Trionfo. Alle Lebensbereiche werden mit Bannerträgern, Herolden und Prunkwagen ins heraldische und allegorische Programm gefügt. Selbst technische Neuerungen wie die Eisenbahnen, die Dampfschiffahrt oder die „Cassenfabrikation" erfahren ihre Überhöhung in phantasievolle Symbolik. Jeder Berufszweig stellt eine Gruppe, nicht einmal die Branntweinschenker und die Trödler dürfen fehlen. Dabei haftet dem Ganzen ein Zug zum Propagandistischen an: Was gezeigt wird, ist eine wunderschöne „Fassade". In Wahrheit hat die Wirtschaft nämlich noch immer unter den Nachwirkungen des Börsenkrachs von 1873 zu leiden.

Die meisten Teilnehmer der kostümierten Gruppen dieser Parade der 14.000, die am 27. April 1879 stattfindet, sind in Gewänder der deutschen Hochrenaissance gekleidet, den Zuschauern bereits aus den „Meistersingern" vertraut. Nur die Künstlerschaft hebt ihre Sonderstellung durch das niederländische Kostüm der Rubens-Zeit hervor. An ihrer Spitze reitet Hans Makart persönlich auf einem Schimmel, in schwarzem Samt, den breitkrempigen Hut in der Rechten, fürstlich in der Haltung, eine Reiterstatue seiner selbst. Dies ist ein Höhepunkt im

Jagdszenen mit Franz Joseph I., Radierung von A. Heilmann.

Leben des „Magiers aus der Gußhausstraße". Zwischen der Prater Hauptallee und dem Ring entrollt sich das größte – lebendige – Bild, das er, dessen malerische Visionen auf riesigen Leinwänden Gestalt gewinnen, jemals schuf. Das größte, aber auch vergänglichste Makart-Bild, ein Farbenrausch weniger Stunden. Nur im Abglanz der sehr bald darauf veröffentlichten Serien akkurater graphischer Blätter späteren Zeiten noch gegenwärtig. Prachtentfaltung einer Epoche, die sich in ihren feierlichsten Momenten die Folie des Geschichtlichen gab.

Die Reihenfolge der Gruppen mag den Planern einiges Kopfzerbrechen bereitet haben, weil sie ja auch für die Zuschauer den Charakter einer Rangordnung hatte. Um im Sinn einer Selbstdarstellung das Motiv des Bürgerlichen zu wahren, blieben das Militär und der Adel als Stand a priori ausgeklammert. Bezeichnend indes, daß, nach Herolden und Fahnen, die Jagd das historische Aufgebot eröffnete. Damit wurde an den gloriosen Waidmann Maximilian I. erinnert, zugleich aber bedeutete solch eine Bevorzugung des Waidwerks vergangener Zeiten eine besondere Huldigung vor dem Allerhöchsten Jäger des Reiches, der auf der Festtribüne stand. Der allegorische Grundgedanke kam hier auf ähnliche Weise zum Ausdruck wie einst, wenn in den Opern des Barock antike Helden als leuchtende Beispiele von Edelmut und Tugenden gepriesen und verherrlicht wurden oder wenn auf den Deckenfresken barocker Schlösser der Sonnengott strahlend seine Bahn zieht. Stets galt das geschichtliche oder mythologische Gleichnis der Person und den Eigenschaften des regierenden Monarchen.

Und um einiges später, als „IV. Abtheilung", thematisch den Kreis schließend: „Die moderne Hochgebirgsjagd", die dem Kaiser so vertraut war. Keine Baretts, keine Wämser, sondern Loden und Lederhosen. Nach den Reminiszenzen an Albrecht Dürer nun detailreiches, rustikales Genre aus der Welt Defreggers und Anzengrubers. Voran fünfzig Jagdherren, gefolgt von Jägern aus Tirol und Salzburg, auf dem Wagen erlegtes Wild, sogar Sennerinnen und Schwegelpfeifer waren mitgekommen. Ein eigener „obersteirischer Jagdzug" repräsentierte die kaiserlichen Reviere Mürzsteg, Neuberg an der Mürz und Eisenerz, indem er die Winterjagd vor Augen führte. In dieser Gruppe waren, Ehre wem Ehre gebührt, auch Dackel dabei, gewiß ein singulärer Fall in solch festlichem Rahmen. „Träger mit frischgeschossenen Hahnen" gaben Zeugnis von der Balz des Auerwildes, die Gamsjagd symbolisierte ein „mit Gemsen beladener Wagen", die Brackierjagd eine Schar, „bestehend aus Brackierjägern und Brackierern mit Hunden" und einem „Wildpretwagen" mit Hirschen, Rehen und Luchsen. Den Beschluß bildeten Jäger aus Krain und ein Wagen, auf dem Krainer Jagdbeute des Fürsten Hugo Windischgraetz zu sehen war: Bären und Wölfe.

Das war ein klug gewähltes „aktuelles" Element des gesamten Ablaufes. Gleichsam das Finale im Stil einer „sinfonia da caccia", das Franz Joseph nicht nur huldvoll, sondern mit sicherlich auch großer Freude zur Kenntnis nahm. Der längst vergessene Herr im Veranstaltungsausschuß, der das Programm des Festzuges bestimmte, bewies ohne Zweifel Talent für die Dramaturgie solcher Feierlichkeiten. Darüber hinaus muß er sich in der Psyche seines Kaisers und bei dessen Vorlieben sehr gut ausgekannt haben.

Kurz nach der Tausendjahrfeier Ungarns stand das Jahr 1898 für die „cisleithanische" Reichshälfte im Zeichen des Kaiserjubiläums. Franz Joseph regierte seit nunmehr einem halben Jahrhundert, ein singulärer Anlaß für eine dichte Abfolge von Festlichkeiten, Huldigungen und Kundgebungen unverbrüchlich schwarz-gelber Gesinnung. „Allerdings verlautete", schrieb der britische Botschafter in Wien, Sir Horace Rumbold in seinen Memoiren, „und zwar der Wahrheit entsprechend, wie ich glaube, daß der Kaiser persönlich eine Scheu davor hatte und seinen Vertrauten gestand, er wünschte, das Jahr wäre schon vorbei."

Niemand konnte ahnen, daß die Feiern bereits im September, nach dem Tod der Kaiserin Elisabeth, jäh enden sollten; und wenn der Monarch selbst an die Monate vor diesem Schicksalsschlag zurückdachte, dann meinte er, seine schönsten Erinnerungen daran seien mit der „Waidmannshuldigung" verbunden, die am 25. Juni in Schönbrunn stattfand.

Dieses Ereignis mit einem Großaufgebot der Jägerschaften des Reiches vereinte rund 4.000 Teilnehmer, per Bahn kamen sie aus allen Gegenden angereist. „Man sah die verschiedenartigsten Trachten, Jagdkleider vom hellen Grau bis zum dunklen Grün, Hüte in mannigfaltigen Formen und Farben mit frischem Bruch von Eichenlaub, Tannenreisig, Fichten und Latschen geschmückt", liest man im Bericht der Wiener „Neuen Freien Presse" über den Empfang der Züge.

Um 9 Uhr morgens standen die Gruppen bei herrlichem „Kaiserwetter" vier Glieder tief auf dem Blumenparterre vor dem Schloß. Angetreten zu einer Heerschau der Jägerei. Vor der Einteilung, gleich Kommandanten, die Jagdherren, somit waren auf der weiten Freifläche des Parks Mitglieder der meisten Aristokratenfamilien Österreich-Ungarns versammelt. Offenbar davon sehr beeindruckt erwähnte der Augenzeuge Sir Horace „z. B. Adolf Prinz Schwarzenberg, dessen Ländereien, so hört man, ein Fünftel Königreich umfassen, an der Spitze mehrerer hundert Mann." Das Königreich Böhmen stellte mit ca. 1.000 Mann überhaupt das stärkste Einzelkontigent. Für Franz Joseph selbst hatte dieser Tag mit seinen festlichen Pflichten schon sehr früh begonnen, wie immer. Er kam von einer Truppeninspizierung der Artillerie auf der Simmeringer Heide in seine Residenz zurück, wechselte hurtig aus dem Waffenrock in die Lodenjoppe und erschien, mit seiner gewohnten, schier metronomischen Pünktlichkeit um 11 Uhr auf der südlichen Schloßterrasse, wo ihm der Oberstjägermeister Freiherr von Gudenus Meldung erstattete. An der Freitreppe erwartete ihn der Thronfolger Erzherzog Franz Ferdinand mit mehreren Habsburgern, darunter sein Bruder, der charmante Bonvivant Erzherzog Otto und der für großes kommerzielles Talent und seinen privaten Reichtum berühmte Erzherzog Friedrich, der, von stämmiger Statur, mit Kaiserbart und Brille, in der Tracht noch mehr einem waidgerechten sanguinischen Hofrat oder Gymnasialprofessor glich als in der Generalsuniform. Der Dynastie ebenbürtig gehörte dieser Gruppe auch Herzog Ernst August von Cumberland an, der Agnat des seit 1866 im österreichischen Exil lebenden hannoverschen Königshauses.

Die Ansprache des Thronfolgers war natürlich im Goldschnittstil

„... dann ging ich längs de
Aufstellung". Kaiser Franz
vor den Jägerschaften seine
Reiches.

Die feierliche Waidmanns-Huldigung in Schönbrunn 1898

Eberjagd, Ölgmälde von Paul de Vos, um 1650, Kunsthist. Museum.

Höhepunkt der Feier: Thronfolger Erzherzog Franz Ferdinand überreicht seinem kaiserlichen Oheim den Goldenen Bruch.

feierlicher Rhetorik jener Zeiten gehalten. Da hieß es: „Die österreichische Waidmannschaft, deren Stolz es ist, zu allen Zeiten ihre Herrscher bei Ausübung des edlen Waidwerks in ihrer Mitte gesehen zu haben, bittet Eure Majestät, in Bestätigung ihrer altehrwürdigen Gebräuche, an dem Jubel teilnehmen zu können, welcher die österreichischen Herzen erfüllt."
Sodann entnahm Franz Ferdinand einer Kassette, die sein Obersthofmeister Graf Abensberg-Traun in Händen hielt, einen Goldenen Ehrenbruch und überreichte ihn dem Kaiser. In diesem Moment schwenkten die Waidmänner ihre Filze. Von erhöhten Blickpunkten an den Fenstern des Schlosses muß das etwa so ausgesehen haben, als ginge über die Rasenflächen und Rabattenbeete plötzlich eine Wirbelflut in allen Farbschattierungen der Forste hinweg. Aus der Ferne, hinter den Baumwipfeln gegen Hietzing zu, ertönte eine Jagdfanfare der kaiserlichen Jäger und des Wiener Waldhorn-Clubs.
Franz Joseph dankte mit einer etwas persönlicheren Rede: „Wie reine Berg- und Waldluft mutet mich das Erscheinen von Tausenden von Jägern an ... Ich bitte, überzeugt zu sein, daß die sinnige Gabe treu bewahrt bleiben wird, nicht allein als Erinnerung an diese festliche Veranstaltung, sondern auch an die Stunden, in welchen ich seit einem halben Jahrhundert nach den Sorgen des Tagewerks so oft unter Gottes freiem Himmel Frieden, Erholung, Stärkung und Freude gefunden."
Wie bei einer Truppenrevue schritt der Kaiser nun die Fronten der in strammer Haltung exakt ausgerichteten Jäger ab, unter denen gewiß kein einziger war, der nicht beim Militär gedient hatte.
Alles verlief genau nach den für solch offizielle Anlässe geltenden Regeln. Wie dem Achtundsechzigjährigen dabei zumute war, ist einem seiner Briefe an Katharina Schratt zu entnehmen. Es ist der Privatmann Franz Joseph, der sich hier über den Pflichtenmenschen gleichen Namens äußert, mit einer gewissen inneren Distanz zu den Dingen und auch mit einem Anflug jener Selbstironie, die ihm überhaupt eigen war. Die Waidmannshuldigung war eine Feier nach seinem Herzen, der gebotenen Form freilich wurde nach den Grundsätzen seines hohen Amtes Genüge getan: „... dann ging ich längs der ganzen Aufstellung beim Klange der Waldhörner, mit zahllosen Bekannten und vielen Unbekannten sprechend und in der Sonnenglut schwitzend. Es war sehr schön, aber etwas anstrengend und dauerte eineinhalb Stunden."
Als Zeichen der Erinnerung an jenen denkwürdigen 25. Juni 1898 blieb nicht nur der Goldene Bruch, sondern auch ein großes Aquarell, auf dem der für den Kaiserhof tätige Maler Thaddäus Ajdukiewicz die Überreichung darstellte. Dieses Bild hatte noch der Achtziger vor Augen, Tag für Tag, all die Jahre, bei einsamer, emsiger Tätigkeit am Schreibtisch.

Kaiserbesuch 11./6

Jagdaustellung 1910

Der Gedanke einer großangelegten Präsentation des historischen und zeitgenössischen Waidwerkes kam bereits 1885 auf dem in Wien abgehaltenen ersten österreichischen Jagdkongreß zur Sprache. Volle dreißig Jahre später wurde für konkrete Schritte zur Realisierung eines solchen Planes ein Vorbereitungskomitee unter der Leitung des Prinzen Heinrich von und zu Liechtenstein gebildet. Nach Förderungszusagen des Wiener Bürgermeisters Dr. Karl Lueger, des Landes Niederösterreich sowie der Niederösterreichischen Handels- und Gewerbekammer konstituierte sich eine Ausstellungskommission, an ihrer Spitze Max-Egon Fürst zu Fürstenberg, als sehr reicher Privatmann eine Schlüsselfigur der Beziehungen zwischen den höchsten Rängen der beiden „Bruderländer". Er war als Mitglied des österreichischen Herrenhauses und des Berliner Reichstages ein persönlicher Freund Kaiser Wilhelms II. Die grundsätzliche Absicht war es, „die Bedeutung der Jagd vom volkswirtschaftlichen Standpunkt aus darzutun, Verständnis und Sympathie für ihren kuluturellen Wert in die großen Massen zu tragen."

Diesen Intentionen entsprachen die Gliederung der Ausstellungsthemen in die Bereiche Jagd- und Forstwirtschaft, Wesen des Waidwerkes in Geschichte und Gegenwart sowie die Jagd in der Kunst. Das Protektorat übernahm – fast möchte man sagen: selbstverständlich – Kaiser Franz Joseph, als Ausstellungsort wurde das Gelände des Wiener Praters bei der Rotunde gewählt, wo schon die Wiener Weltausstellung 1873 stattgefunden hatte.

Außer der Monarchie beteiligten sich folgende Staaten:

Das Deutsche Reich, wobei das Königreich Bayern seinen Sonderstatus wahrte; auch das Königreich Sachsen trat unter seinem eigenen Wappenschild in Erscheinung; Großbritannien und das Dominion Kanada, Frankreich, Belgien, Italien, Norwegen, Schweden, Rumänien und Persien. „Die Organisations- und Koordinationsprobleme, die bewältigt werden mußten, ringen selbst gegenwärtig, in einer Zeit, in der modernste Baumaschinen und Computer zur Verfügung stehen, höchste Bewunderung ab", schreibt dazu der bekannte österreichische Jagdautor Hermann Prossinagg. „Es drängt sich gar die Frage auf, ob heutzutage solche Leistungen in einem derart kurzen Zeitraum überhaupt noch nachvollziehbar sind."

Die Eröffnung fand am 7. Mai 1910 statt – und zwar ganz anders als vorgesehen: ohne Feierlichkeiten, auch der Kaiser blieb fern. Der Grund: In der Nacht vor dem Termin war König Eduard VII. von Großbritannien seinem Leiden erlegen, und in jenem alten Europa war der Tod eines gekrönten Herrschers ein Ereignis, das alle Dynastien des Kontients betraf. So war es ein Akt der Pietät, buchstäblich im letzten Moment die festgelegte Programmabfolge zu streichen.

Daß das erstrebte Ziel der Breitenwirkung des Gebotenen tatsächlich erreicht wurde, beweisen die Zahlen. In den Monaten bis zum 10. Oktober, an dem die Ausstellung schloß, registrierte man 2,703.090 Besucher mit Eintrittskarten zum vollen Preis, ein Rekordergebnis, das die prinzipiellen Erwägungen der Veranstalter bestätigte. Weit über die Kreise der Jägerschaft Österreich-Ungarns hinaus kamen Interessenten der verschiedensten Teilgebiete in den Prater, etwa Gewerbetreibende, für welche die grüne Expo den Charakter einer Wirtschaftsmesse

Ungarisches Jagdschloß, Königssaal Jagdausstellung 1910.

Pavillon des Fürsten Hohenlohe-Oehringen.

„Jagdservice“ der Wiener Porzellanmanufaktur, um 1730. Museum f. Angew. Kunst.

hatte, aber auch Kunstfreunde oder Kavaliere, die das feudale gesellschaftliche Flair eines Rundgangs durch die zahlreichen Bauten schätzten. Noch dazu offerierten die Bahnen der Monarchie als Vergünstigung ermäßigte Hin- und Rückfahrkarten.
Zudem war diese Ausstellung, unter dem Aspekt künftiger Entwicklungen gesehen, eines der letzten großen Ereignisse in der Ära der „Monarchien im Abendrot“, ein Reiseziel für Herrscher und Dynasten, die einander nur vier Jahre später in feindlichen Lagern gegenüberstehen sollten.
Im Verlauf der Sommer- und Frühherbstmonate kamen: der Deutsche Kaiser; König Friedrich August III. von Sachsen, durch seine Schwester, Erzherzogin Marie Josefa, die Mutter des späteren Kaisers Karl, mit den Habsburgern verschwägert; der populäre alte Prinzregent Luitpold von Bayern, höchster Waidmann des blauweißen Königreichs und Fürstlichkeiten kleinerer deutscher Länder; König Ferdinand von Bulgarien, der gebürtige Coburger, der von einem neuen Byzantinischen Reich am Schwarzen Meer träumte; sein Namensvetter aus dem Hause Hohenzollern-Sigmaringen, Kronprinz von Rumänien, der trotz seiner Herkunft 1916 als König den Mittelmächten den Krieg erklären wird; Albert I., König der Belgier, ein integerer, bei seinem Volk sehr beliebter Mann, der dann in schweren Zeiten tapfer im Land ausharrt. Großfürst Nikolai Nikolajewitsch, der Onkel des Zaren Nikolaus II. und vier Jahre später Oberbefehlshaber der russischen Streitkräfte; und in dieser illustren Reihe als Republikaner und unentwegter Außenseiter Theodore Roosevelt, ehemaliger Präsident der USA und in Wien von seinem früheren Besuch noch in lebhafter Erinnerung. Nur ein einziger der Monarchen repräsentierte einen Staat, der im weiteren stets strikt seine Neutralität wahren wird: König Gustav von Schweden.
Der allgemeine rege Zuspruch war umso erfreulicher, als das Wetter in jenem Sommer 1910 sich sehr wechselhaft gestaltete mit häufigen, anhaltenden Regenfällen. Bei ihren Vergleichen mit ähnlichen Verhältnissen mußten die Meteorologen bis zum Jahr 1841 zurückgehen. Und nun das in unseren Zeiten der Subventionen und der einkalkulierten Defizite schier Unglaubliche: Die Schlußbilanz wies einen Reingewinn aus! Nach Abzug aller Verbindlichkeiten und Rückzahlungen verblieben 684.871 Kronen – und 50 Heller, um es ganz genau zu beziffern. Für diese Summe hatte seine Majestät eine sinnvolle Widmung vorgesehen. In der Form einer – heute noch bestehenden – Stiftung kam sie einem Jugendheim „für Kinder bedürftiger Berufsjäger“

zugute, das im Landschloß Orth (zum Unterschied vom gleichnamigen Seeschloß) am Traunsee eingerichtet wurde, nun Sitz der Forstlichen Ausbildungsstätte des Bundesministeriums für Land- und Forstwirtschaft.

Der Ausstellungsarchitektur kam in jenen Jahrzehnten erhebliche Bedeutung zu. Mit großem Aufwand und bis ins Detail sorgsam gestaltet wurden Bauten errichtet, deren Existenz a priori genau befristet war. „Aus diesem Widerspruch folgt, daß die Architektur, in den Dienst einer Ausstellung gestellt, auf das ihr Wesentliche verzichten muß: auf die Monumentalität im Sinne der Unvergänglichkeit", schrieb der renommierte Wiener Architekt Ferdinand Fellner in grundsätzlichen Betrachtungen zu diesem Thema. Nach dem letzten Tag verschwand die ganze Herrlichkeit wieder, und als Dokumente blieben nur die Grundrisse, die Planzeichnungen und die Fotos, die heute noch Staunen und Bewunderung wecken, ja sogar den verspäteten Wunsch, daß es doch Möglichkeiten gegeben hätte, zumindest die schönsten dieser ephemeren Werke irgendwie zu erhalten. (Die legitimen Nachfolger jener Ausstellungsbaumeister sind die Filmarchitekten, die mit ebensolcher Stilkenntnis die verschiedensten Schauplätze schaffen, und die Illusion, das alles sei „echt".)

So wurde etwa für die große internationale Theaterausstellung im Jahr 1892 im Prater der Hohe Markt in seinem mittelalterlichen Aussehen aufgebaut, allerdings nur als eine Szenerie der Vordergründe. Viel solider verfuhr man bei der großen Exposition zur Tausendjahrfeier Ungarns 1896 in Budapest. Da entstand in begehbaren Kopien ein wahres Konglomerat von Baudenkmälern der Länder der Stephanskrone. Dem Publikum gefiel das so gut, daß bald darauf der Budapester Architekt Ignác Alpár beauftragt wurde, einen Teil der Anlage zur bleibenden Erinnerung an das bedeutende Ereignis nochmals, und zwar nach den Erfordernissen normaler Bauten zu realisieren.

Daraus wurde jener heute noch existierende merkwürdige Komplex „Vajdahundyad" zwischen dem Heldenplatz und dem Városliget, dem Stadtwäldchen.

Auf der Pariser Weltausstellung 1900 waren die Nationen mit repräsentativen Bauwerken vertreten, die von ihrer Geschichte und Eigenart Zeugnis gaben. Österreich-Ungarn zeigte einen den Schöpfungen Fischer von Erlachs nachempfundenen Barockpalast. Man hatte also international bereits genügend Praxis und Erfahrung auf diesem Gebiet, als die Planungen für die Jagdausstellung anliefen, deren architektonische Oberleitung dem k. k. Baurat Alexander Decsey übertragen wurde.

Zwischen dem Frühsommer und dem Herbst 1909 gab es auf dem Pratergelände im Umkreis der Rotunde zahlreiche Baustellen. Bei Beginn der kalten Jahreszeit standen die meisten Gebäude schon unter Dach, die innere Ausgestaltung und Einrichtung erfolgte bis Ende April 1910, um den vollkommenen Eindruck zu vermitteln, daß all diese phantasievollen Fassaden und Interieurs nicht einer Scheinwelt aus Mörtel, Holz, Gips und Eisengestängen angehörten, Materialien, die eine architektonische Realität bloß vortäuschten, sondern, daß sie, wie man damals so optimistisch von Dingen und Errungenschaften zu sagen pflegte, „für immerwährende Zeiten" bestehen bleiben könnten ...

Das österreichische Reichshaus mit den Reiterfiguren des Markgrafen Leopold und Kaiser Maximilians I.

Das kaiserliche Jagdschloß Mürzsteg, originalgetreu auf dem Austellungsgelände nachgebaut.

Kaiser Franz Joseph besichtigt vor „La Muette“ die Hundemeuten des Herzogs von Uèz und des Prinzen de la Tour d’Auvergne.

Trophäensaal im österreichischen Reichshaus.

Der Kaiser mit Erzherzog Friedrich vor dessen Ausstellungspavillon im Gespräch mit Jagdpersonal.

Saal im deutschen Jagdschloß und dessen Gartenfassade im Stil feudaler Berliner Wannsee-Villen.

Jagdhaus des Erzherzogs Leopold Salvator.

Pavilllon der historischen Jagd.

Französisches Jagdschloß „La Muette".

Trophäen Kaiser Franz Josephs.

Halle des Bayerischen Jagdhauses.

Gobelinsaal in „La Muette“.

Italienischer Pavillon als Nachbau eines Jagdhauses aus dem 15. Jahrhundert in Viterbo.

Trophäenschau im Pavillon des Erzherzogs Friedrich.

Kronprinz Rudolfs Jagdmaler Franz von Pausinger

Auf seinem Gebiet war der 1839 geborene Salzburger ein Maestro, eine Kapazität. Die Darstellung des Hochwildes, die bei geringeren Talenten damals zum serienmäßig erzeugten Kitsch unter der Devise „Röhrender Hirsch im Abendrot" degenerierte, erfuhr auf seinen großformatigen Kohlezeichnungen eine Steigerung ins Dramatische. Pausingers gewaltige Vierzehn- und Sechzehnender sind wahrhaftig die Könige urlandschaftlicher Wälder bei letztem Büchsenlicht. Waren die Motive Friedrich Gauermanns, seines Vorgängers im Bereich der Tiermalerei, in eine alpenländisch-romantische Freischütz-Stimmung versetzt, so wird in Pausingers Naturszenerie ein Hauch von Richard Wagners „Waldweben" spürbar, ja bisweilen scheint der Walkürenfels nicht sehr fern.
Ähnlich wie französische zeitgenössische Bildhauer, vor allem Antoine Louis Barye und Emauel Frémiet, oder wie der englische Maler Sir

Edwin Henry Landseer, erfaßte er das Wildtier völlig realistisch, als ein Geschöpf der vorgegebenen Umwelt mit ihren unabänderlichen Lebensbedingungen – also eines Biotops, wie wir heute sagen –, und erhob es dennoch in die Sphäre, wo das Existentielle ins Mythische übergeht. Diese Rotwildgruppen und Gamsrudeln sind zoologisch exakte Abbilder und zugleich lebendige Monumente ihrer selbst.
Sein wenn auch thematisch auf diese eine Linie festgelegtes künstlerisches Schaffen brachte Pausinger große Erfolge und höchste Anerkennung. Er zählte zum engeren Kreis um den Kronprinzen Rudolf, der ihn auch als fermen Waidmann schätzte. In dieser Eigenschaft als künstlerischer Vertrauter eines hohen Herrn war Pausinger ein Nachfolger der Kammermalers Erzherzog Johanns. So nahm er an vielen Jagden des jungen Habsburgers teil, begleitete ihn im Jahr 1881 auf der Orientreise und lieferte die Illustrationen für Rudolfs Buch über diese Fahrten. In Kaiser Franz Josephs Jagdhäusern in Eisenerz und in Neuberg an der Mürz fanden seine Graphiken ihren Ehrenplatz, desgleichen auf der Wiener Internationalen Jagdausstellung 1910. Lange Jahre residierte er als ein Gentiluomo der Kunst und als gefeierter Mitbürger im Schloß Elsenheim in seiner Heimatstadt Salzburg, wo er 1915 starb.

Die Lainzer Jagdmusik

Der böhmische Aristokrat Franz Anton Graf Sporck unternahm um 1680 weite Reisen, die ihn auch nach Paris führten. Dort wurde der ferme Waidmann auf eine interessante Neuerung aufmerksam: Die Franzosen verwendeten bei ihren Jagden ein *Cor de Chasse* genanntes Naturtoninstrument, auf dem sich nicht nur Signale blasen, sondern auch Melodien spielen ließen. Im mehrstimmigen Zusammenspiel ermöglichten diese „Perforcehörner" die Entwicklung einer neuartigen Musikform, der „Jagdfanfare".
Durch Sporck fand das Parforcehorn Eingang in Österreich und wurde bei den herrschaftlichen und kaiserlichen Jagden eingesetzt, in seiner ursprünglichen Funktion als Signalinstrument und während der Rast für Musikstücke zum „Divertissement" der Jagdgesellschaft. Eine feu-

Vermutlich böhmischer Herkunft sind diese beiden Zwergenfiguren als Parforcehornbläser (Mitte des 18. Jahrhunderts). Sie gelangten schließlich in den Garten der Villa von Frau Katharina Schratt in Wien-Hietzing.

dale Freilichtmusik. Laut den Überlieferungen komponierte Karl VI. selbst einige Jagdfanfaren. War er doch musikalisch so gebildet, daß er dieses neue künstlerische Element des Waidwerks zu würdigen wußte. Allerdings haben sich keine Notenniederschriften von seiner Hand erhalten.

Hatte Jean Baptiste Lully das Jagdhorn bereits 1664 als vollwertiges Instrument ins Orchester einbezogen, so ergab sich im weiteren für Komponisten ganz natürlich die Anregung, die Jagd an sich tonmalerisch oder, wie man heute sagen würde, „programmusikalisch“ zum Thema von Werken zu wählen. Leopold Mozart schrieb eine „Sinfonia da caccia“, die mit ihren vielen Hornmotiven die Vorstellungen von der barocken fürstlichen Ars Venandi heraufbeschwört, und Joseph Haydn, der – ob als Ausübender oder bloß als Gast – selber gern ins Revier gegangen sein soll, schilderte in seinem Oratorium

Fast wie der Baron Ochs auf Lerchenau: adeliger Waidmann mit Parforcehorn auf dem Deckenfresko Johann Bergls im Laxenburger Grünne-Haus.

Jäger und Meute, Tapisserie des Wirkers Daniel Eggermans nach einem Entwurf aus dem Kreise Peter Paul Rubens', erste Hälfte des 17. Jhdts.,

„Die Jahreszeiten" alle Phasen der Parforcejagd auf einen Hirsch, vom Signal der Suche bis zum Halali und der Rückkehr der Jäger.
In der Kunstmusik und in der Folge auch bei den Militärkapellen wurde das *Cor de Chasse* zum Ventilhorn weiterentwickelt, dem „Waldhorn", das seine schönsten Entfaltungsmöglichkeiten seit der Epoche der musikalischen Romantik fand. Wer kennt nicht die Hornstellen in Carl Maria von Webers „Freischütz". Als Parforcehorn indes bewahrte es sich seine Eigenständigkeit, blieb eng mit der Jagd verbunden und hatte durch seine Form, den weiten kreisrunden Bogen mit dem ausladenden Schalltrichter, auch solch optische Signalwirkung, daß dieses „Jägerhorn" seit Napoleons Zeiten in den Heeren mehrerer europäischer Staaten, so auch in Österreich, zum sofort deutbaren Abzeichen der Jägertruppen wurde.
Mit dem Beginn des bürgerlichen Zeitalters zu Beginn des 19. Jahrhunderts verlor die adelige Parforcejagd traditionellen Stils ihren Stel-

Der Wiedergründer der Lainzer Jagdmusik, Prof. Dr. Ernst Paul, bei der Eustachius-Feier am 21. September 1969 im Lainzer Tiergarten.

lenwert. Auf dem Terrain des Habsburgerreiches fand die letzte am 6. Dezember 1857 im Pardubitzer Revier des Grafen Trauttmansdorff statt. Dafür gewann die Jagdmusik als solche, losgelöst vom unmittelbaren Anlaß, an kultureller Bedeutung. Stimmungen, Tonkunst und Landschaft im Einklang, darum ging es. In diesem Sinn suchte Eduard Kenesch zu wirken, ein Musiker aus dem Kreis von Johann Strauss Vater und Joseph Lanner. Er war Erster Hornist im Hofballorchester der Ära Kaiser Franz I. und hatte die Idee, mit einem Bläserensemble ein Jagdkonzert zu veranstalten. Das war anno 1830, im Geburtsjahr Kaiser Franz Josephs. Auch die Wahl des Ortes bewies sehr viel Einfühlung des Initiators: Die Aufführung fand im Lainzer Tiergarten statt und zwar im Gelände beim Lainzer Tor, nicht weit von dem Platz, wo später die Hermesvilla erbaut wurde.

Diese Begleitumstände erscheinen insofern beziehungsreich, als Dezennien danach Franz Joseph selbst den Gedanken neuerlich aufgriff. Er war zwar nicht besonders musikalisch, aber alles, was mit den Traditionen des Waidwerks zusammenhing, interessierte ihn. Deshalb förderte er die Bildung einer Hofjagdmusikgruppe. Als Leiter wurde der Erste Hornist des k. k. Hofopernorchester, Joseph Schantl verpflichtet. Nun ist gerade bei Musikern dieses Instruments das merkwürdige Phänomen einer direkten oder indirekten Erbfolge zu beobachten. Schantl selbst kam aus einer Grazer Hornisten-„Dynastie“. Das erste Vorhaben, an dem er in seiner neuen Funktion mitwirkte, war der Huldigungsfestzug der Stadt Wien zur Silberhochzeit des Kaiserpaares, über den an anderer Stelle dieses Buch berichtet wird. Für die Jagd-

gruppe im historischen Teil komponierte Schantl zu Ehren der teilnehmenden Aristokraten unter der Führung von Hans Graf Wilczek und August Graf Breuner-Enckevoerth „Fanfaren der höchsten und hohen Jagdherren“. Andere Werke für sein Ensemble folgten, darunter auch ein waidmännisches Opus der Sakralmusik, eine „St. Hubertus-Messe“, von der nach unergründlichen Wegen durch die Notenarchive allerdings nur mehr Fragmente erhalten blieben.
In den Achtzigerjahren bürgerte sich der Brauch ein, alljährlich im Juni vor der Hermesvilla zu konzertieren. Da die Hofjagdmusikgruppe also im Lainzer Tiergarten sozusagen Heimatrecht erwarb, hieß sie bald allgemein „Lainzer Jagdmusik“. Als solche machte sie sich ihren geachteten Namen, und ihr Beispiel regte zur Nachahmung an. In Wien bildeten Berufsmusiker und Amateure auch andere Ensembles zur Pflege dieses besonderen Kulturgutes. „Die Kompositionen, die aus diesen Kreisen heraus entstanden sind, stehen in keinerlei Beziehung zu der beruflichen ‚Gebrauchsmusik‘, sondern sind klangschöne Schöpfungen, die eine waidmännische Stimmung charakterisieren sollen.“ (Bernhard Paul). Schantl sah seine Aufgabe nicht zuletzt darin, auch Berufsjäger und Forstleute zu Instrumentalisten auszubilden, um die Ausübung und den Sinn für die Eigenart des Hornes volkstümlich zu machen. Bezeichnend, daß er als seinen Nachfolger für die Leitung der Lainzer Jagdmusik keinen Kollegen vom Pult vorschlug, sondern einen Oberforstmeister namens Adolf Herzog; fachlich und künstlerisch allerdings im Doppel mit seinem eigenen Schüler, dem philharmonischen Hornisten Karl Stiegler, heute noch in österreichischen Musikerkreisen eine geradezu legendäre Figur als Begründer der Wiener Hornschule, die Weltruf erlangte. Von ihm stammen mehrere Jagdmusikkompositionen, darunter die „Mürzsteger Schloß-Fanfare“ für die Internationale Jagdausstellung 1910 in Wien.

Stiegler war es auch, der die Lainzer Jagdmusik nach 1918 als freie Vereinigung in die neue Ära führte. Ebenso wie die Spanische Hofreitschule gehörte sie zu jenem altösterreichischen Erbe, das Anfechtungen entzogen war. Der Haupttermin für die Bläser, mit denen der prominente Philharmoniker musizierte, war die waidmännische St. Eustachius-Feier im September bei der Nikolai-Kapelle im Lainzer Tiergarten. Die Gemeinschaft überdauerte den Tod ihres Mentors im Jahr 1932 – bis dann nach 1938 das Interesse am Parforcehom schwand und auch in Österreich das deutsche „Fürst Pless-Horn“ aufkam, ein Signalinstrument, dem alten Posthorn sehr ähnlich und heute noch bei vielen Jagdbläsergruppen verwendet.
1950 wurde die Lainzer Jagdmusik wieder gegründet, Spiritus Rector war natürlich auch diesmal ein Hornist, noch dazu ein Archivstöberer von Graden, mit einem soliden musikhistorischen Fond: Prof. Dr. Ernst Paul, Mitglied des damaligen Großen Wiener Rundfunkorchesters. Ihm gelang es, einen reichen Bestand an Melodiengut zu heben, mehr als 500 Originalwerke, von der ursprünglichen bodenständigen Alphornmusik des 16. Jahrhunderts über französische und österreichische Jagdfanfaren und Jagdmusiken des Barock bis zu jägerischer Volksmusik und Kompositionen seit der Ära Franz Josephs. Ein besonderer Glücksfall war die Auffindung von elf Hörnern der alten kaiserlichen Jagdmusik, Instrumente, welche alle zeitgeschichtlichen Wechselfälle inklusive der Buntmetall-„Hausse“ unversehrt überstanden

hatten und zusammen mit originalgetreu nachgebauten Parforcehörnern noch jahrelang geblasen wurden, wie einst anno 1879 im Festzug. Für den Wiedergründer bedeutete das Wirken in und mit der Lainzer Jagdmusik den eigentlichen Lebensinhalt seiner späten Jahre. Er starb 1979. Nun ist es sein Sohn Bernhard Paul, der die Gruppe mit den traditionellen Konzertterminen im Lainzer Tiergarten und bei der Mitwirkung an zahlreichen Veranstaltungen der Jägerschaft leitet.

Josef Schantl, der erste Leiter des Ensembles, im Kostüm für den Huldigungsfestzug von 1879.

Die Gala-Livree mit Hifthorn und Hirschfänger, auch zu Kaisers Zeiten meist sorgsam aufbewahrt, blieb in den Beständen des Kunsthistorischen Museums erhalten.

Büchsenspanner in Jagddienstkleidung vor der kaiserlichen Gewehrkammer.

Die Büchsenspanner –
Titularjäger oder „grüne Leibkammerdiener"

Im Freundeskreis, zu dem auch der Großvater resp. Vater der Autoren gehörte, erzählte der international bekannte Wiener Orientalist Herbert Jansky als alter Herr gern eine Geschichte aus seiner Kindheit. Die Familie wohnte in den Jahren nach 1900 an der Mariahilfer Straße, und eines Tages im Mai ging die Frau Mama mit dem kleinen Buben zum offenen Fenster, um ihm den Kaiser zu zeigen, der, pünktlich wie immer, im offenen Wagen vorbeifahren würde.
Nun, der große Moment kam. Klein-Herbert war ganz Auge, und als die Equipage unten in Richtung Schönbrunn entschwand, fragte die Mutter: „Na, hast du den Kaiser auch wirklich gesehen?" – „Ja!" rief ihr Sprößling ganz begeistert. „Schön ist er, der Kaiser, mit so vielen weißen Federn am Hut." Baß erstaunt blickte sie ihn an. „Wieso Federn –? Aber das war doch nicht der Kaiser, sondern der Leibjäger!" Die kindliche Psyche und Phantasie war natürlich davon ausgegangen, der Monarch müsse derjenige sein, der am prächtigsten ausstaffiert war. Der weißbärtige Herr mit der schlichten schwarzen Offizierskappe, der im Fond des Wagens saß, konnte sich puncto Aufmachung gewiß nicht mit der auf dem Bock neben dem Kutscher thronenden Erscheinung messen und war prompt Herberts Aufmerksamkeit entgangen.
Bezeichnend und damals übrigens kein Einzelfall. Oft kam es vor, daß der Leibjäger, der den Kaiser auf Fahrten begleitete und auch sonst stets in seiner Nähe war, von den Leuten für einen Adjutanten oder einen hohen Herrn aus dem Hofstaat gehalten wurde. Das lag an der „Hof-Uniform" oder „Campagne-Livree", die er zum täglichen Dienst zu tragen hatte. Sie bestand aus einem dunkelgrünen, zweireihigen Waffenrock mit Silberborte um den Kragen und auf den Ärmelaufschlägen sowie silbernen Epauletten, einer dunkelgrünen Hose, ebenfalls mit Silberborte, und dem Zweispitz samt dem bewußten weißen Federbusch. Das Augenfälligste an seiner Adjustierung war aber das über die rechte Schulter gelegte breite Goldbandelier, an dem ein prunkvoller Hirschfänger hing.
Als Nonplusultra seines Fundus galt die seit 1853 verwendete, normalerweise in der „Reichen Sattelkammer" des Hofmarstallgebäudes verwahrten und gemäß den genauen Vorschriften nur zu besonderen Anlässen ausgegebenen „Gala-Livree": ein offener, überreich mit Borten besetzter dunkelgrüner Rock, im Stil an jene Röcke erinnernd, die in der Prinz Eugen-Zeit die Trompeter von der Masse der Küras-

siere abhoben, mit bestickten Achselbändern, gleichfalls bordierter Weste, weißer Schleife, Kniehosen und weißen Strümpfen.
Das Hirschfänger-Bandelier kreuzend wurde ein zweites angelegt, das auf einem reich verzierten Besatz ein metallmontiertes Büffelhorn trug – Reminiszenz an die frühesten Jagdhörner. In „Campagne" sah der Leibjäger also, sehr flüchtig betrachtet, einem Offizier in Paradeadjustierung ähnlich, in Gala war er ein Hoflakai in Luxusausgabe. Umso schlichter trug er sich, wenn er um 4 Uhr morgens den Dienst bei Seiner Majestät antrat. Dafür hatte er den „Sevier-Quäker", eine Art knielangen Salonrock in Dunkelgrün.
Außerdem verfügte er über eine eigene „Jagdlivree" und die zweckmäßge „Jagddienstkleidung" nach dem Vorbild der Jägertracht. Insgesamt gab es also fünf verschiedene Garnituren.
Für normale Hoflivreen, die nicht mehr im Dienst tragbar waren, also nach einer durchschnittlichen Verwendungsdauer von drei Jahren, galt generell die Regel, sie öffentlich zu versteigern, an den Meistbietenden, sei es ein seinen Fundus damit bereichender Provinztheaterdirektor oder ein Industriebaron, der seine Dienerschaft prächtig einzukleiden gedachte. Aus den Erlösen wurden Neuanfertigungen in der Hofschneiderei finanziert. Das Schicksal der zum Zeitpunkt des Umsturzes im November 1918 vorhandenen Gesamtbestände ist ein Kapitel für sich. Manche waren für den Ausverkauf dieser nun völlig überflüssigen Konkursmasse des untergegangenen Reiches, historisch Denkende indes bemühten sich um die Bewahrung. Dies gelang wenigstens zum Teil, und so bildeten die erhaltenen Objekte bis heute das Inventar des Hofmonturdepots im Verband des Kunsthistorischen Museums.
Das Wort „Leibjäger" selbst war zwar allgemein Usus, so sagten die Wiener dazu, die offizielle Bezeichnung aber lautete „Büchsenspanner" – aus Tradition, denn mit Waffen hatte der Betreffende die meiste Zeit nichts zu tun. Er war vielmehr, wie der Experte für die Geschichte des Hofstaatswesens, der Historiker Georg Kugler, hervorhebt, primär ein persönlicher Diener des Kaisers oder eines Erzherzogs, mit dessen Aufgabenbereich und nicht unbedingt aus dem Waidmannsstand hervorgegangen, demnach sozusagen ein Titular-Jäger. Von den Hof- und sonstigen Lakaien, die glattrasiert zu sein hatten, unterschied er sich allerdings dadurch, daß er einen Schnurr- oder Vollbart tragen durfte, und zeitgenössische Abbildungen zeigen, daß er von diesem Vorrecht Gebrauch machte.
Nach dem Schema gab es drei Kategorien: „die „Hof-Büchsenspanner", die „Leib-Büchsenspanner" und die „Kammer-Büchsenspanner". Im alljährlich erschienenen „Handbuch des Allerhöchsten Hofes und des Hofstaates Seiner k.u.k. Apostolischen Majestät" sind sie namentlich angeführt, samt ihren Auszeichnungen, den diversen Verdienstmedaillen, die – eine damals wie heute übliche Geste der Courtoisie – bei Besuchen ausländischer Potentaten und auch Fürsten geringeren politischen Gewichts an alle Beteiligten des Gastlandes verliehen wurden. Ob der Zar aller Reußen oder der Herzog von Mecklenburg-Schwerin, jeder Dynast trug dazu bei, die Reihe der Dekorationen auf der treuen Brust zu verlängern.
Organisatorisch gehörten die Büchsenspanner dem Oberstallmeister-Stab an, einem der vier Hofstäbe, die sich aus den historischen Hofämtern entwickelt hatten. Als Dienerschaft zählten sie zur sogenannten

Der Bart hob die Büchsenspanner von der glattrasierten Dienerschaft ab. Zu ihren Pflichten gehörte auch das Anrichten des Dejeuners.

„Campagne“-Rock mit Hirschfänger.

„Livreepartei“, während die Lakaien des Obersthofmeisteramtes die „Uniformpartei“ bildeten. Das war eine Unterscheidung, die freilich nur mehr im Wort lag und keine praktische Bedeutung hatte.

ARTHUR ACHLEITNER: Jagdparadiese in Wort und Bild, Berlin 1913
Adel im Wandel, Katalog zur NÖ Landesausstellung 1990, Rosenburg
WLADIMIR AICHELBURG: Erzherzog Franz Ferdinand und Artstetten, Wien 1983
WLADIMIR AICHELBURG: Sarajevo 28. Juni 1914, Wien 1984
EUGEN BARON D'ALBON: Vom Kaiser, Wien 1909
JOHANN CHRISTOPH ALLMAYER-BECK: Ministerpräsident Baron Beck, Wien 1956
M. A. BECKER (Hg.): Hernstein in Niederösterreich, Wien 1889
JEAN DE BOURGOING (Hg.): Briefe Kaiser Franz Josephs an Frau Katharina Schratt, Wien 1949
WALTER BRAUNEIS: Die Schlösser im Marchfeld, St. Pölten 1981
GORDON BROOK-SHEPHERD: Monarchien im Abendrot, aus dem Englischen übersetzt von Gunther Martin, Wien 1988
GORDON BROOK-SHEPHERD: Zita, die letzte Kaiserin, aus dem Englischen übersetzt von Gunther Martin, Wien 1993
RUDOLF BÜTTNER: Burgen und Schlösser in Niederösterreich, Bd. 13: Vom Marchfeld bis Falkenstein, Wien 1982
JOSEF CACHEE: Die Hofküche des Kaisers, Wien 1985
ALFONS CLARY-ALDRINGEN: Geschichten eines alten Österreichers, Berlin 1977
EGON CAESAR CONTE CORTI: Mensch und Herrscher, 2. Bd. der Franz Joseph-Biografie, Graz 1952
Elisabeth, Königin von Ungarn / Erzsébet a Magyarok Kiralynéja, Ausstellungskatalog, Eisenstadt 1991
Erzherzog Johann von Österreich, Sein Wirken in seiner Zeit, Graz 1982 (Hg. von der Histor. Landeskommission für Steiermark)
Erzherzog Johann, Sein Leben in den Bergen, Ausstellungspublikation, Bad Aussee 1982
HUMBERT FINK: Joseph II. – Kaiser, König und Reformer, Düsseldorf 1990
EMIL FRANZEL: Franz Ferdinand d'Este, Wien 1964
VICTOR VON FRITSCHE: Bilder aus dem österreichischen Hof- und Gesellschaftsleben, Wien 1914
GERBERT FRODL: Hans Makart, Salzburg 1974
HERBERT ST. FÜRLINGER (Hg.): Jagd in Österreich, Wien 1964
LEOPOLDINE GRÜNZWEIG: Wiener Koch- und Wirtschaftsbuch, Wien 1922
MICHAL SALVATOR HABSBURG-LOTHRINGEN: Kaiser Franz Joseph I. und die Hofjagd im Salzkammergut, in: Oberösterreich 3/ 1986
OTTFRIED HAFNER: Das große Erzherzog Johann-Buch, Graz 1992
BRIGITTE HAMANN: Rudolf, der Weg nach Mayerling, Wien 1988
Hans, der Thernberger, Festschrift anl. des 200. Geburtstags Erzherzog Johanns, Scheiblingkirchen-Thernberg 1982
VILMOS HEISZLER / MARGIT SZAKÁCS / KÁROLY VÖRÖS: Ein Photoalbum aus dem Hause Habsburg, Wien 1989
HERMANN HELLER: Erzherzog Franz Ferdinand, der Thronfolger Österreichs, Brünn 1911
FRED HENNINGS: Und sitzet zur linken Hand, Wien 1961
FRED HENNINGS: So lange er lebt, 3. Bd.: Die Weichen werden gestellt, Wien 1969
FRANZ HERRE: Kaiser Franz Joseph von Österreich, München 1978
MAX HERZIG: Viribus Unitis, Wien 1908
ROBERT HOFFMANN: Erzherzog Franz Ferdinand und der Fortschritt, Wien 1994
GERD HOLLER: Mayerling, Die Lösung des Rätsels, Wien 1980
GERD HOLLER: Franz Ferdinand von Österreich-Este, Wien 1982
LUDWIG VON HÖHNEL: Mein Leben zur See, auf Forschungsreisen und bei Hofe, Berlin 1926
Jagd einst und jetzt, Katalog der NÖ Landesausstellung 1978, Schloß Marchegg
Jagd und Fischerei in Wien, Katalog zur 180. Wechselausstellung der Wiener Stadt- und Landesbibliothek 1977

Bildnachweis

Jagd und Kunst, Katalog zur Ausstellung des Tiroler Landesmuseums Ferdinandeum und des Tiroler Jagdschutzvereines 1875, Innsbruck 1975

FELDMARSCHALL ERZHERZOG JOSEPH: Hohe Jagd – 75 Jahre Weidwerk, Salzburg 1957

FRITZ JUDTMANN: Mayerling ohne Mythos, Wien 1968

EUGEN KETTERL: Der alte Kaiser, Wien 1984

HERBERT KILLIAN: Historische Studien über das Gebiet des geplanten Nationalparks Donau-Auen, Wien 1991

GRETE KLINGENSTEIN / PETER CORDES (Hg.): Erzherzog Johann von Österreich, Graz 1982

WALTER KOSCHATZKY: Der Brandhofer und seine Hausfrau, Graz 1978

GEORG KUGLER / HERBERT HAUPT: Uniform und Mode am Kaiserhof, Katalog zur Ausstellung in Schloß Halbthurn, 1983

ELISABETH KOLLER-GLÜCK (Hg.): Meine Jagderlebnisse mit Kronprinz Rudolf, Erinnerungen des Leibjägers Rudolf Püchel, St. Pölten 1978

HANNES LAMBAUER (Hg.): Erzherzog Johann, Sein Leben in den Bergen, anläßlich der Sonderausstellung im Kurmittelhaus Bad Aussee, 1982

ERWEIN LOBKOWICZ: Erinnerungen an die Monarchie, Wien 1989

HANS MAGENSCHAB: Erzherzog Johann, Habsburgs grüner Rebell, Graz 1982

HANS MAKART: Entwürfe und Phantasien, Katalog zur Ausstellung des Kulturamtes der Stadt Wien und der Residenzgalerie Salzburg, 1975

ALBERT FRH. VON MARGUTTI: Vom alten Kaiser, Wien 1921

Maria Theresia als Königin von Ungarn, Ausstellungskatalog, Schloß Halbthurn, 1980

GUNTHER MARTIN: Schloß Laxenburg, Laxenburg 1981

GUNTHER MARTIN: Als Victorianer in Wien, Wien 1984

GUNTHER MARTIN: Lodenbrevier, Salzburg 1993

MICHAEL MAYR (Hg.): Das Jagdbuch Kaiser Maximilians I., Innsbruck 1901

PHILIPP MERAN: Erzherzog Johann und die Jagd, in: Erzherzog Johann, sein Wirken in seiner Zeit, Graz 1982

HELMUT J. MEZLER-ANDELBERG: Steirische Wohnsitze Erzherzog Johanns, a. a. O.

OSKAR VON MITIS: Jagd und Schützen am Hof Karls VI., Wien 1912

OSKAR VON MITIS: Das Leben des Kronprinzen Rudolf, Leipzig 1928

JANKO VON MUSULIN / FRIEDRICH DOBSCHOVA: Das große Buch der Jagd in Österreich, Wien 1977

HELMUT NEMEC: Maximilian I. und die Jagd, in Österreichische Ärztezeitung, 10. Juni 1969

FRANZ NIEDERWOLFSGRUBER: Kaiser Maximilians I. Jagd- und Fischereibücher, Innsbruck 1965

WALTER NORDEN: Jagd-Brevier oder Von der Kunst des Weidwerks, Wien 1970

Österreich zur Zeit Josephs II., Katalog zu NÖ Landesausstellung 1980, Stift Melk

BERNHARD PAUL: Jagd und Musik, im Katalog des Jagdmuseums Schloß Marchegg, NÖ o. J.

ERNST VON DER PLANITZ: Die volle Wahrheit, Berlin 1897

MAX POLATSCHEK: Franz Ferdinand – Europas verlorene Hoffnung, Wien 1989

KATHARINA PRATO: Die süddeutsche Küche, Wien 1922

HERMANN PROSSINAGG: Die Jagd in Wien, in Österreichs Weidwerk 10/85

HERMANN PROSSINAGG: Die Jagd zur Zeit Prinz Eugens, a. a. O., 6/86

HERMANN PROSSINAGG: Kaiser Joseph II. und die Jagd, a. a. O., 6/88

HERMANN PROSSINAGG: Der große Föhrenwald als kaiserliches Jagdrevier, a. a. O., 12/90

HERMANN PROSSINAGG: Thronfolger Franz Ferdinand, a. a. O., 2/91, 3/91

HERMANN PROSSINAGG: Kaiser Franz Joseph – Der Weg zum Weidmann und Jäger, a. a. O., 2/92

HERMANN PROSSINAGG: Kaiser Franz Joseph – Hofjagdgebiet Neuberg/Mürzsteg, a. a. O., 5/92

HERMANN PROSSINAGG: Kaiser Franz Joseph

– Leibgehege Eisenerz/Radmer, a. a. O., 10/92
HERMANN PROSSINAGG: Kaiser Franz Joseph – Krongut Gödöllö, a. a. O., 3/93
JOSEPH REDLICH: Kaiser Franz Joseph von Österreich, Berlin 1928
FRANZ OTTO ROTH: Zur Geschichte des Brandhofes, in: Zeitschrift des Historischen Vereines für Steiermark N. 50, 1959
Rudolf, Ein Leben im Schatten von Mayerling, Ausstellungskatalog des Historischen Museums der Stadt Wien, 1990
FRITZ RULF: Franz Joseph als Jäger, in: Salzburger Nachrichten, 17. August 1956
ANTON SCHLOSSAR: Kaiser Franz Joseph I. als Jagdgast des Erzherzogs Johann in Obersteiermark 1855, in: Österreichische Rundschau Nr. 23, 1910
JOSEF SCHNEIDER (Hg.): Kaiser Franz Joseph I. und sein Hof, Wien 1919
IGNAZ SCHNITZER (Hg.): Franz Joseph I. und seine Zeit, Wien 1898
FRANZ SCHNÜRER: Unser Kaiser als Weidmann, Wien 1910
WILFRIED SKREINER: Erzherzog Johann und die bildende Kunst der ersten Hälfte des 19. Jahrhunderts in der Steiermark, in: Erzherzog Johann, sein Wirken in seiner Zeit, Graz 1982
KARL SOLL (Hg.): Der Wiener Kongreß in Schilderungen von Zeitgenossen, Berlin o. J. (ca 1923)
THEODOR VON SOSNOSKY: Franz Ferdinand, München 1929
STEPHANIE, Prinzessin von Belgien, Fürstin von Lónyay: Ich sollte Kaiserin werden, Leipzig 1935
VIKTOR THEISS: Erzherzog Johann, Der steirische Prinz, hg. von Grete Klingenstein, Wien 1982
HANS TIETZE; Die Schätze von Konopischt in: Neues Wiener Journal 8. April 1928
FRANZ CARL WEIDMANN: Der Brandhof um das Fest seiner Einweihung am 24. August 1828, Wien 1828
FRIEDRICH WEISSENSTEINER: Franz Ferdinand, Wien 1983
FRIEDRICH WEISSENSTEINER (Hg.): Lieber Rudolf, Biefe von Kaiser Franz Joseph und Elisabeth an ihren Sohn, Wien 1991
FRIEDERIKE ZAISBERGER: Die Jagd im Blühnbachtal, in: Chronik von Werfen, Werfen 1987
HEINRICH ZIMBURG: Erzherzog Johann und Gastein, Leoben 1982
JOSEF ZYKAN: Laxenburg, Wien 1969

Besonderer Dank für seine tatkräftige Unterstützung gebührt Dr. Christian Engelmann, Marbach am Walde, NÖ.

Bildnachweis

Bildarchiv der Österreichischen Nationalbibliothek; Historisches Museum der Stadt Wien; Bundesdenkmalamt Wien; Kunsthistorisches Museum; Niederösterreichisches Landesmuseum; Niederösterreichische Landesbibliothek; Bildstelle der Niederösterreichischen Landesregierung; Musiksammlung der Wiener Stadt- und Landesbibliothek; Erherzog Franz Ferdinand-Museum, Artstetten, Niederösterreich; Archiv Brigitte Hamann; Österreichisches Filmarchiv; Corvina Verlag Budapest; Fritz Judtmann; Gunther Martin; Ali Schaffer; Hernstein International Management Institute; Erste Österreichische Sparkasse; „Die österreich-ungarische Monarchie in Wort und Bild"; Gedenkbuch „Die erste Internationale Jagd-Ausstellung Wien 1919"; Bruno Grimschitz/Bruno Thomas „A.E.I.O.U. Ars Venandi in Austria", Wien 1959; Verlagsarchiv. Reproduktionen: Herbert Adler, Thomas Najder.

Edition S
Verlag der Österreichischen Staatsdruckerei
1. Auflage 1994

Umschlagentwurf: Atelier Schiefer, Wien
Graphische Gestaltung: Manfred A. Schmid
Satz: Spielberger Druckerei, Spielberg
Druck und Bindearbeit: Österreichische Staatsdruckerei
ISBN: 3-7046-0524-7